M. BRUCH, doyen de la Faculté.

MM. BRUCH, RICHARD, FRITZ, JUNG, WILLM, Professeurs de la Faculté.

M. WILLM, président de la Thèse.

EXAMINATEURS:

MM. BRUCH.
RICHARD.
WILLM.

ESSAI

SUR

LES MYSTIQUES DU QUATORZIÈME SIÈCLE.

INTRODUCTION

SUR L'ORIGINE ET LA NATURE DU MYSTICISME.

Quand on étudie la marche de l'esprit humain dans son développement progressif, on découvre certaines lois providentielles qui règlent cette marche, et qui président à tous les phénomènes de la vie de l'humanité. L'une de ces lois, proclamée par l'histoire de tous les temps, veut que les mêmes causes produisent toujours des résultats identiques. Cette manière de voir est loin d'enfermer l'humanité dans un cercle inflexible, où une fatale nécessité la retienne et l'enchaîne; elle ne méconnaît pas la spontanéité de l'homme, ne détruit pas sa liberté; elle n'exclut pas cette idée de progrès qui, si elle n'était pas attestée par l'histoire, n'en serait pas moins un besoin de notre conscience. Tout s'explique par la loi que nous venons de poser, autant du moins que l'homme peut entrevoir les conseils de la Providence. Cette loi suprême ne souffre qu'une seule restriction, ou plutôt, pour la rendre encore plus éclatante, nous devons la compléter, en disant que si dans le cours des siècles le même fait revient une seconde fois, ses conséquences seront analogues à celles qu'il aura produites d'abord, avec la différence qu'il faut encore por-

UNIVERSITÉ DE FRANCE.

FACULTÉ DE THÉOLOGIE DE STRASBOURG.

ESSAI
SUR
LES MYSTIQUES
DU QUATORZIÈME SIÈCLE,

PRÉCÉDÉ
D'UNE INTRODUCTION
SUR
L'ORIGINE ET LA NATURE DU MYSTICISME.

THÈSE

PRÉSENTÉE
A LA FACULTÉ DE THÉOLOGIE DE STRASBOURG,
ET SOUTENUE PUBLIQUEMENT

Le lundi 8 août 1836, à 4 heures de l'après-midi,

POUR OBTENIR LE GRADE DE DOCTEUR EN THÉOLOGIE,

PAR

CHARLES SCHMIDT,
LICENCIÉ EN THÉOLOGIE.

«In necessariis unitas, in dubiis libertas, in omnibus caritas.» S. AUGUSTIN.

STRASBOURG,
IMPRIMERIE DE G. SILBERMANN, PLACE SAINT-THOMAS, 3.
1836.

Couvertures supérieure et inférieure manquantes

ter en compte les progrès que l'esprit humain aura faits dans l'intervalle. Ainsi, chaque mouvement de l'humanité qui ressemble à un mouvement antérieur, en diffère néanmoins par l'élément civilisateur nouvellement éclos qu'il porte en lui. On peut donc dire jusqu'à un certain point que la marche de l'esprit humain est circulaire; mais ce mouvement est complexe, car nous le combinons avec un autre qui est progressif, de sorte que nous croyons avoir résolu le problème, en disant que l'humanité, bien loin de tourner éternellement dans un même cercle, procède au contraire par cercles concentriques, qui vont en s'élargissant de plus en plus, et dont les limites sont au-delà de notre horizon.

L'histoire de la philosophie, c'est-à-dire des spéculations de l'homme sur Dieu, sur la création et sur sa propre nature, qui toutes découlent d'une spéculation primitive sur l'origine du bien et du mal dans le monde, cette histoire, disons-nous, parcourt ainsi différentes phases, qui, à des époques différentes, se reproduisent dans le même ordre. Car d'abord la réflexion de l'homme se porte sur le monde sensible qui l'entoure, et quand elle s'y arrête exclusivement, il en résulte les diverses formes du sensualisme. Plus tard elle se tourne vers les faits de la conscience, les idées lui apparaissent et elle néglige les phénomènes extérieurs; de là un idéalisme plus ou moins développé. Bientôt cependant, quand elle revient sur elle-même et sur l'emploi légitime de ses forces, elle reconnaît l'insuffisance de ses deux premières manières de voir, et se sent entraînée au doute, au scepticisme. Mais le doute est trop pénible pour qu'elle puisse longtemps s'y tenir; il y a en elle un besoin qui réclame impérieusement quelque chose d'assuré et de primitif, que le doute ne puisse plus atteindre; c'est là l'origine du mysticisme dans son sens le plus général. Cette série de systèmes se reproduit dès la plus haute antiquité; elle a traversé l'Asie en partant de l'Inde; elle apparaît en Grèce, et après avoir parcouru le moyen âge, elle est revenue de nouveau dans les temps modernes, et nous assistons en ce moment aux combats livrés par les trois premières doctrines à la quatrième, qui essaie de s'élever à leur place [1]. Le règne de l'une d'elles n'est jamais assez absolu pour que les autres soient tout-à-fait proscrites et exclues; il y a au contraire une lutte continuelle, une réaction permanente, et dès que l'une semble un instant prédominer, son adversaire la plus opposée s'élève et lui conteste ses droits.

Ce que nous voyons dans la philosophie, nous le voyons également dans la théologie, et surtout dans les opinions qu'à différentes époques on s'est formées de la religion chrétienne. Là aussi, nous assistons à la lutte incessante entre des systèmes contradictoires, dont la prédomination de l'un a toujours provoqué l'opposition d'un autre. Dans les premiers siècles, ce sont les disputes de l'orthodoxie naissante avec les nombreuses hérésies. Bientôt Augustin et Pélage se livrent le premier combat philosophique dans l'Église; c'est déjà un certain rationalisme aux prises avec un mysticisme fataliste; de cette grande querelle partent les directions diverses que la théologie a suivies dans tout le cours du moyen âge. Plus tard s'engagent des luttes plus vastes encore; la scolastique, prétendant expliquer les dogmes de l'Église par sa dialectique raisonneuse, trouve un adversaire dans le mysticisme chrétien, que tous les esprits élevés, fatigués du vain bruit des écoles, et peu satisfaits de distinctions subtiles, acceptent avec empressement comme une espèce de gnose supérieure. Après la réformation, quand un dogmatisme sec et aride aura remplacé la scolastique, la tendance contraire se fera jour de nouveau sous la forme du piétisme de Spener. De nos jours la même chose a lieu; le rationalisme, poussé à l'excès, a dû nécessairement provoquer des réactions de la part des facultés de l'âme qu'il négligeait, et le mysticisme s'est encore éveillé pour sauver, comme il dit, la foi et le sentiment. Les tendances religieuses et les luttes théologiques de notre époque ne sont donc pas sans cause, et tout-à-fait inouïes dans

[1] Cousin, *Cours de l'histoire de la philosophie;* Paris, 1819; t. I, p. 139 et suiv.

l'histoire; elles s'expliquent par la disposition générale des esprits, et elles ont leur type dans les grands combats livrés à la scolastique du moyen âge par le mysticisme de cette période. Comme alors, le véritable caractère de la religion a été méconnu, et on n'a su donner à l'âme qui désirait Dieu, que des abstractions ou des syllogismes. Comme alors, les esprits ont été froissés par de grandes calamités publiques, qui leur ont dévoilé le spectacle de toutes les misères et de toutes les vanités de ce monde. Comme alors, les peuples ont été entraînés d'égarement en égarement; dans le moyen âge, c'était la superstition qui les tenait sous son joug, et aujourd'hui, du moins en beaucoup d'endroits, c'est, outre la superstition, l'oubli de Dieu; ces deux erreurs se touchent de près, car comme dit Clément d'Alexandrie, l'impiété et la superstition sont les deux extrêmes de l'ignorance des choses divines.

C'est en France et en Allemagne surtout, que les symptômes de cet état sont le plus fortement prononcés, et que la réaction commence à devenir de plus en plus manifeste. Dans notre patrie, nous n'avons pas besoin d'aller bien loin pour découvrir les causes de cette aversion pour Dieu; ces causes sont la philosophie du dernier siècle et l'anarchie révolutionnaire, auxquelles il faut ajouter peut-être les projets rétrogrades de l'obscurantisme de la restauration. Mais il est un fait incontestable, c'est que les sociétés, pas plus que les individus, ne peuvent à la longue se passer de Dieu, et quelque effort que l'on fasse pour effacer ce nom du cœur de l'homme, il y demeurera inscrit en caractères indélébiles. Nous voyons donc que depuis quelques années, un nouveau besoin se manifeste en France; les yeux des penseurs sont tournés vers la religion, et toutes leurs méditations y aboutissent. Le matérialisme perd de jour en jour de ses partisans, et comme dans le siècle dernier le bon ton exigeait qu'on se raillât des choses divines, il veut à présent qu'on se dise religieux. Mais ce besoin est encore vague et indécis; comme un voyageur, dont le navire a perdu sa route sur l'immensité de l'océan, aborde à la première terre qu'il rencontre, croyant avoir atteint le terme de sa course; notre patrie s'est égarée dans un vaste champ de spéculations et d'erreurs, et les esprits avides de religion abordent pleins d'espoir à chaque nouveau système qu'on leur présente. C'est ainsi que déjà sous la restauration l'école théologique de MM. de Bonald, de Maistre et de La Mennais a essayé de rétablir la religion; c'est ainsi que dans les six années qui viennent de s'écouler, nous avons vu naître et mourir tant de doctrines se proclamant des révélations pour le salut des hommes; elles étaient toutes plus ou moins mystiques, puisqu'elles étaient les résultats de spéculations incomplètes, et les expressions de sentimens et de besoins encore peu réfléchis. Tous ces systèmes élaborés par des hommes de talent que travaillait le désir de la foi, sont en général des espèces de syncrétisme mystique, qui chez les uns suit sa pente naturelle pour se perdre dans le panthéisme, et qui chez d'autres se cramponne encore à l'édifice catholique. Car, qu'est-ce que le saint-simonisme, sinon une doctrine absolument panthéiste? que veut dire ce mysticisme de l'infini, dans lequel M. Lerminier veut fondre le piétisme protestant et le mysticisme de l'école de Munich, si ce n'est que le professeur du collége de France sent l'insuffisance de la philosophie et le besoin de la foi, mais qu'il se trompe encore sur la portée de ses expressions? Et d'un autre côté, cet obscur républicanisme mystique de MM. Buchez et Roux, par lequel ils veulent réformer le catholicisme et reconstruire la société moderne, est-il autre chose qu'un syncrétisme très-éloigné de la religion catholique, et ne prenant cette forme que parce qu'il n'ose pas rompre avec l'ancien culte? Et tous ces hommes supérieurs qui, poussés par le même besoin, et effrayés de la puissance destructive du raisonnement, placent leur foi sous l'autorité de l'Église, que font-ils autre chose que de cacher ainsi leur vague mysticisme, et de s'abuser eux-mêmes sur leur tendance panthéiste? Et n'avons-nous pas des témoins de tout cela jusque dans les romans de M. de Balzac, qui évoque l'ombre de Swedenborg et conduit ses lecteurs devant les abîmes les plus profonds de ses théories? Dans notre propre communion enfin, les progrès du méthodisme ne nous ouvrent-ils pas les yeux sur les besoins de notre époque, et sur les devoirs que nous avons à remplir à l'égard de nos contemporains?

Jetons encore un coup d'œil sur l'Allemagne, où le même esprit se prononce, seulement sous une forme plus scientifique et plus réfléchie. Dans ce pays se reproduit le même phénomène; le mysticisme y succède également au scepticisme et au rationalisme exclusif. Car c'est une vérité que dès qu'on renferme la religion entre les bornes de la raison, le sentiment réagit aussitôt, et devient peu à peu aussi exclusif que cette dernière. En Allemagne, ce sont moins les malheurs de l'État qui ont poussé les penseurs à s'égarer dans les régions mystiques, quoique les guerres de Napoléon, et l'exaltation patriotique de 1815 déçue par ceux qui en avaient profité, aient pu y contribuer leur part; mais la source du mysticisme allemand est d'un côté le naturalisme du dix-huitième siècle, et le rationalisme théologique allant jusqu'à dissoudre la religion en mythes et en abstractions; et de l'autre, la marche même de la philosophie depuis Fichte. Nous ne voulons pas prétendre que le système critique porte déjà en lui les germes du mysticisme; Kant n'a fait qu'assigner des bornes à la raison, il a tout rattaché à des idées de devoir, et a proclamé le principe éminemment rationaliste, que la véracité de toute révélation doit être jugée d'après sa conformité avec la loi morale. La philosophie de Fichte est plus voisine du mysticisme; son idéalisme subjectif conduit sans peine à cette manière de voir; il trouve l'idée de Dieu dans le fond même de notre nature, et en plaçant la félicité dans le renoncement à tout ce qui est divisé et variable, pour diriger notre amour vers ce qui est un et éternel, il a ouvert au mysticisme une large porte. Cependant le véritable père de ce dernier dans l'Allemagne moderne, est Schelling. Fichte, tout en exaltant le *moi*, l'avait détruit en réalité; car tout *moi*, étant à l'égard du mien un *non-moi*, n'existe que dans mon idée. Schelling, pour éviter cet écueil, a identifié le moi et le non-moi dans l'absolu, qui est Dieu. Notre moi n'existe qu'autant qu'il est dans l'absolu; quant à celui-ci, nous ne le reconnaissons ni par des raisonnemens, ni par suite d'une conscience innée, mais uniquement au moyen d'une contemplation intellectuelle immédiate. Schelling nous transporte ainsi dès l'abord de son système dans les régions de l'infini; on aperçoit facilement les nombreux points de contact qui doivent exister entre le mysticisme, et cette doctrine panthéiste de l'identité absolue.

Nous ne nous arrêterons pas plus long-temps à montrer la connexion entre la philosophie allemande et les tendances mystiques de ce pays; nous laisserons de côté la théologie de Schleiermacher, qui, par son principe de la dépendance absolue et de la passivité avec laquelle nous devons nous soumettre à l'impulsion de la grâce, les favorise également[2]; nous ne nous occuperons pas davantage de l'école de Munich, représentée par Gœrres, Baader, Hoffmann, etc. Cela nous écarterait trop loin de notre but, et il nous suffit d'avoir indiqué en général les causes qui ont enfanté le mysticisme moderne.

Avant tout il importe maintenant de se faire une idée claire et précise de ce système, de le poursuivre sous les différentes formes qu'il peut revêtir, et de voir où il conduit ses partisans. Ce n'est que par une pareille exposition que nous pourrons montrer ce qu'il y a de dangereux et de peu philosophique dans les efforts de ceux qui veulent le mettre à la place du Christianisme de l'Évangile. C'est aussi là le seul moyen de prévenir des égaremens semblables à ceux du moyen âge. Que si l'on nous observe que la civilisation de notre époque n'en permettra plus le retour, nous objecterons les paroles de Gœrres qui voudrait reconstruire les hauteurs d'où les mystiques anciens ont contemplé les profondeurs des cieux spirituels, et replacer toutes nos sciences sous la tutelle du mysticisme, afin qu'il les ex-

[2] C. F. Fuchs, *Études sur la théologie dogmatique de Schleiermacher*; Strasbourg, 1836; p. 67.

plique et les confirme[3]. Nous ne pouvons partager des vœux de ce genre; car, bien que dans notre siècle la science se soit matérialisée complètement, ce n'est certes pas le mysticisme qui lui rendra une âme, lui qui change la chimie en alchymie, et qui convertit les astronomes en théosophes et en visionnaires.

Qu'est-ce donc que le mysticisme? Les nombreuses définitions que les philosophes et les théologiens en ont données, prouvent combien il est peu aisé de s'en faire une notion exacte; l'obscurité de la chose en elle-même est la cause de cette difficulté[4]. On a même fort souvent désigné par ce nom plusieurs manières de voir, plusieurs tendances, qui cependant sont loin de présenter les caractères distinctifs de ce système, si on peut appeler ainsi une série de faits de sentiment et d'expériences intérieures. Pour expliquer la véritable source et la nature essentielle du mysticisme, on s'est tantôt servi de l'étymologie du mot; tantôt on a cru la trouver, en la cherchant dans l'histoire même de la philosophie. Mais de cette manière, on ne parvient qu'à une explication grammaticale, ou à une description plus ou moins complète de quelques faits extérieurs[5]. Le mysticisme ne vient pas de quelque chose d'étranger à notre être, il n'a pas sa racine hors de nous[6]; il l'a dans le fond même de notre na-

[3] Gœrres, *Einleitung zu Suso*, herausgegeben von Diſpenbrok; Regensb., 1829; 8°, p. LXXVIII — LXXXI.

[4] Il existe sur le mysticisme une littérature fort abondante. On peut consulter surtout, outre quelques articles dans des journaux théologiques, les écrits suivans :

Borger, *de Mysticismo. Hag. com.* 1820; 8°, trad. en allem. par Stange; Altona, 1826; 8°. — Stange, *über Schwœrmerei, christl. Mystic. u. Proselytenmacherey;* Alt., 1827; 8°. — Fritsche, 2 *Vorles. über Mystic. u. Pietism.*; Halle, 1832; 8°. — D. v. Cœlln, *Histor. Beitr. zur Erlaeuter. der Begr. Pietismus, Mystic. u. Fanat.*; Halberst, 1830; 8°. — Th. Huenerwadel, *Oratio de iis qui in religione nimii esse, modumve excedere dicuntur, mysticis, fanaticis et pietistis;* Bern, 1827; 8°. — V. Wessenberg, *über Schwaermerey;* Heilbr., 1833; 8°. — Ewald, *Briefe über die alte Mystik u. den neuen Mysticismus;* Leipz., 1822; 8°. — Grævell, *der Werth der Mystik;* Merseb., 1822; 8°.

[5] H. Schmid, *der Myst. des Mittelalters in seiner Entstehungsperiode;* Iena, 1824; 8°, p. 4.

[6] Comme l'a prétendu Spieker, dans une dissertation, *über den Myst., dessen Begr., Urspr. u. Werth;* Herborn, 1815; 4°.

ture, il correspond à un des besoins les plus intimes de notre âme, et son apparition historique a sa base dans ce qu'il y a de plus saint et de plus profond dans l'homme. Il faut donc, pour nous en faire une idée aussi claire que possible, employer la science de l'âme, la psychologie, et chercher en nous-mêmes l'élément primitif d'un phénomène intellectuel, comparable à ces corps célestes éclairés d'un côté par la lumière du soleil, et projetant derrière eux des ombres immenses.

Dès que notre esprit s'élève à une réflexion continue, deux mondes s'ouvrent devant lui, l'un borné et fini, l'autre infini et sans bornes; l'un, comprenant les choses extérieures, les réalités sensibles; l'autre, ce qui est au-dessus des sens, et ce qui n'appartient qu'à l'idée. Dans le premier de ces mondes tout nous apparaît comme accidentel, relatif, divisé, multiple, tandis que dans l'autre nous découvrons les idées de l'absolu, de la liberté, de l'unité. L'un, c'est l'univers; l'autre nous fait monter à Dieu. Ce qui est absolu et éternel ne saurait jamais devenir un objet de notre expérience immédiate; il ne nous apparaît qu'idéellement dans la nature. Il est donc hors du domaine de la science; celle-ci ne se rapporte qu'aux choses sensibles qui nous entourent, et la raison est obligée, sous peine de renoncer à ses prérogatives, de reconnaître elle-même cette barrière infranchissable. Les idées, qui sont au-delà de cette limite, ne viennent à notre connaissance que par des pressentimens, auxquels s'ajoutent plus tard les abstractions de la raison et les spéculations de l'intelligence. Car la raison, quand elle a senti le besoin d'une unité suprême, s'aperçoit que tout ce qui n'est pas cette unité, ne peut être qu'accidentel et contingent. Elle place donc au-dessus de la science, dont la valeur objective n'est jamais parfaite, la croyance aux idées, dont la source est dans le sentiment; celui-ci *pressent* les choses divines et éternelles, tant dans la nature extérieure que dans les faits de notre propre conscience; le monde entier devient de cette manière une image, un type de l'infini, un miroir, souvent obscur il est vrai, dans lequel nous apercevons ce qui est un et éternel. Cet infini, ne pouvant pas devenir un objet de notre savoir, de notre intuition immédiate, nous devons l'embrasser par la foi, qui n'a de prix que par le sentiment qui la soutient et la fortifie. Notre *savoir* ne s'étend donc qu'à ce qui nous apparaît dans le temps et dans l'espace, aux formes extérieures des choses finies, dont l'essence réelle nous demeure perpétuellement cachée. Nous *savons* par le moyen de l'intuition et du raisonnement; nous *croyons* à l'infini, au parfait, par les idées; et par le sentiment, nous *pressentons* ces idées dans les phénomènes de la nature.

L'homme, chez lequel le savoir, la foi, et le pressentiment se pénétreraient réciproquement et se développeraient d'une manière harmonique, serait un modèle de l'humanité; mais de pareils hommes sont rares. Car dès les premiers pas que fait la réflexion, dès qu'elle voit s'ouvrir devant elle les deux mondes du fini et de l'infini, elle recule effrayée devant les mystérieux abîmes au bord desquels elle est conduite, et une grande lutte s'engage alors dans le cœur de l'homme. Il a l'idée de la perfection et de la durée, et tout ce qu'il voit lui semble imparfait et périssable; il a l'idée de l'unité, et le monde ne lui montre que la variété et la division; il a l'idée de la liberté, et partout une inflexible nécessité l'arrête et le subjugue; il a un désir des choses divines, et la matière le retient sur la terre dont il essaie en vain de se détacher; pendant toute sa vie il désire ainsi, et cherche vainement sa satisfaction en lui-même et dans ce qui l'entoure; ce qu'il cherche est néanmoins hors de lui, mais il n'en voit que çà et là quelques reflets.

Voilà donc l'harmonie de nos facultés interrompue et troublée; la guerre est déclarée entre ce que nous désirons et ce que nous voyons; l'idée et la nature sont opposées l'une à l'autre, et le fini et l'infini se livrent dans l'âme des combats douloureux. Cet état de doute et d'incertitude est ce qu'il y a de plus accablant pour l'homme; il est rare aussi qu'il puisse durer long-temps. Mais comment alors sortir de ces labyrinthes? Plusieurs issues se montrent à l'âme inquiète; d'un côté elle nie les idées et les choses divines, et se perd dans les déserts du matérialisme et de l'athéisme; de l'autre côté, mécontente de ses bornes, elle les franchit d'un bond téméraire, nie le monde extérieur, et devient idéaliste et panthéiste. Cependant elle peut aussi rentrer en elle-même, et refuser à sa propre raison tout pouvoir de s'occuper de ces matières; dans ce cas elle érige le doute en système, et la conséquence en est le scepticisme; si elle ne refuse à la raison pas seulement le pouvoir, mais aussi le droit de s'enquérir de ce qui est au-dessus d'elle, elle est à la porte du mysticisme. Car alors il ne lui suffit plus de croire, la foi ne la satisfait pas, elle veut avoir une *science*, une expérience de ce qui pourtant ne peut jamais descendre dans cette sphère si bornée. C'est là le caractère essentiel du mysticisme, et nous pouvons dire dès à présent qu'il consiste dans la prétention à une expérience intérieure immédiate, de ce qui est infini et éternel, en un mot de Dieu[7]. Il est donc éminemment incomplet; au lieu de rétablir l'harmonie dans l'âme, il aggrandit la scission, en renonçant volontairement à l'usage légitime d'une faculté que Dieu nous a donnée pour servir aux autres de règle et de guide. Comme il ne trouve que ce moyen pour apaiser la lutte entre le réel et l'idéal, entre la raison et le sentiment, entre la science et la foi, il se fondera surtout sur le sentiment, dont il exaltera la puissance; il mêlera la science et la foi, et comme il veut sentir et voir Dieu intérieurement, il s'adressera à l'imagination pour qu'elle lui fournisse des formes et des symboles, qu'il ne tardera pas à confondre

[7] Parmi les nombreuses définitions du mysticisme que nous avons recueillies, nous nous sommes arrêté à celle du Dr Liebner, parce qu'elle nous semble être la plus exacte, et qu'elle exprime parfaitement notre opinion. Ce savant dit dans son livre: *Hugo v. S. Victor, und die theologischen Richtungen seiner Zeit;* Leipz., 1832; 8°, p. 223: « *Mysticismus besteht eigentlich im Herabziehen der Idee (des Ewigen, Gœttlichen) in die innere Natur und Erfahrung.* » Cette définition est peu différente de celle de Schmid, l. c., p. 23: «*Myst. ist die durch Vorherrschen des Gefühls in der Religion erzeugte Meinung, dass man auf leidentlichem Wege zu einer unmittelbaren Verbindung mit der Gottheit gelangen kœnne.* »

avec les idées mêmes qu'ils lui représentent. L'imagination et le sentiment seront donc toujours, sous quelque forme qu'il se présente dans l'histoire, ses principaux et même ses uniques organes.

Si on dit que le mysticisme n'est que la religion du sentiment, on se trompe; car une religion qui n'est pas basée sur le sentiment, n'est qu'un vain formalisme, une scolastique inanimée. Si on le décrit comme un penchant exclusif à tout ce qui est mystérieux, cette définition est également incomplète; car, dans ce cas, la magie, la théurgie avec toutes leurs superstitions, n'en différeraient pas. Il est vrai que les mystères sont les objets de prédilection des mystiques, mais ils n'en réclament qu'une intuition intérieure, tout en admettant que ce soient des choses incompréhensibles et secrètes. Toute religion a ses mystères; si on nie cette proposition, il faut aussi nier que la création, que la vie tant animale que végétale, que tout enfin ce que nous voyons, soient des mystères inexplicables; et personne, ce nous semble, n'aura la hardiesse de vouloir résoudre ces éternels problèmes. Nous reconnaissons qu'il y a des mystères dans notre religion, c'est-à-dire, des doctrines dont la vérité est incontestable, mais qui néanmoins sont absolument au-dessus des bornes de notre raison[8]. Nous nous abstenons de scruter ces choses; ceux qui veulent les soumettre à l'analyse de leur dialectique, ou même les rejeter comme des mythes et des inventions humaines, sont aussi loin de la véritable religion que les mystiques qui les admettent de prime-abord, qui veulent les voir et les sentir, et qui, non contens des mystères attachés nécessairement à la révélation, en inventent encore de nouveaux.

Le mysticisme, consistant à faire descendre Dieu dans le cercle de l'expérience intérieure, aspire à l'union avec lui par l'amour. Si c'était là son unique but, certes il ne serait rien moins que répréhensible; car le christianisme le plus pur n'a pas d'autre objet qu'une

[8] Ammon, *Fortbildung des Christenth. zur Weltrelig.*; Leipz., 1833; 8°, part. 1, p. 78.

union de ce genre. Mais l'union du chrétien avec Dieu part d'une âme harmoniquement développée ; elle est le résultat de l'accord le plus parfait de toutes les facultés ; elle ne saurait donc être autre chose qu'une entière conformité de notre volonté avec la volonté divine, une union spirituelle par la foi et la charité. Pourtant ce n'est pas là ce qui peut satisfaire l'âme mystique. Lorsque l'accord de la foi et du savoir, qui seul fait notre paix ici bas, est troublé, et que la soif de science, entretenue par le sentiment, a dégénéré en mysticisme et croit avoir trouvé l'infini, l'amour suit la même voie, et désire d'entrer avec cet infini dans l'union la plus intime. Comme il est de tous les sentimens celui qui a le plus de puissance et d'intensité, il en résulte que lorsqu'il est dirigé vers ce qui est au-dessus de lui, vers Dieu, il ne cesse de désirer et de s'exalter, et s'embrâse de plus en plus pour parvenir au mariage mystique du fini et de l'infini. Il veut recevoir en lui-même, en son *moi* créé et borné, l'essence increéée et sans bornes de l'Être éternel ; il veut s'assimiler à Dieu, et s'absorber dans sa nature ; et, peu satisfait d'une union morale et intellectuelle, il attend que le Créateur s'unisse à la créature, et que la matière elle-même soit ainsi saturée de Dieu, en quelque sorte transformée en lui, déifiée.

On ne peut nier que ce désir de s'unir aussi étroitement avec Dieu, n'ait sa racine dans un vague pressentiment de notre origine et de notre destination ; mais ce désir s'égare, quand il s'imagine que notre affinité avec Dieu est physique et matérielle, et qu'il est possible d'y parvenir déjà dans cette vie. Il y a même beaucoup de vérité dans ce que les mystiques enseignent sur l'amour de l'homme envers son Créateur ; ils veulent, du moins les plus purs d'entre eux, comme Fénélon, que cet amour soit parfait et désintéressé, qu'on n'aime Dieu que pour lui-même, et non pas pour obtenir de lui une grâce quelconque ; cet amour, disent-ils, est d'autant plus pur et plus saint, que l'âme s'oublie davantage et se perd dans l'essence divine ; il ne devrait pas même diminuer, si Dieu se détournait de l'âme qui le cherche et la livrait à la misère la plus affreuse; une âme aimante supporterait même l'enfer, ou plutôt l'enfer n'existerait pas pour elle; car, comme dit Sainte-Thérèse, l'enfer n'est que là où l'on n'aime pas. Certes, un pareil amour serait une chose belle et touchante, et il est certain qu'il est dépouillé de son véritable caractère quand il est égoïste et qu'il aime sans dévoûment, uniquement pour sa jouissance personnelle; mais il n'en est pas moins vrai que cet amour mystique est incompatible, tant avec les préceptes de l'Évangile, qu'avec les facultés de notre nature[9]. Les mystiques eux-mêmes, dans l'essor le plus sublime de leur imagination, dans l'extase la plus profonde, disent tous que cet état où ils étaient parvenus à contempler Dieu face à face dans l'amour le plus pur, ne peut durer que peu d'instans, et qu'il est suivi d'un abattement général et d'une amère tristesse. La cause de ce malaise est la présence du corps, qui empêche l'âme de prendre son vol aussi haut qu'elle le voudrait. Il faut donc, par suite de cette lutte entre l'esprit et la matière, entre l'infini et le fini, que ce dernier soit subjugué, afin que Dieu, en descendant dans l'âme, la trouve plus dégagée de toute souillure, et que l'âme elle-même puisse plus librement contempler et sentir la présence divine. Et, comme la nature humaine s'oppose à cet assujettissement, on se persuade qu'on ne peut pas arriver par ses propres forces à la contemplation et à l'union avec Dieu, mais que pour cela il faut attendre le secours surnaturel de la grâce. De là, l'aversion des mystiques pour toute espèce d'activité, puisqu'elle pourrait gêner les opérations de l'Esprit-Saint; de là leur abnégation de toute volonté propre, leur attitude passive à l'égard de Dieu et du monde, et leur grand principe qu'il faut attendre et souffrir Dieu, et le laisser faire en toute occasion; de là encore leurs efforts pour dompter et mortifier la chair, leurs macérations de tout genre.

Notre intention n'est pas de donner ici une théorie détaillée du

9 Reinhard, *christl. Moral;* Reutl., 1813; 8°, t. II, p. 46.

mysticisme; dans la suite de notre travail, quand nous exposerons les doctrines des différens mystiques du quatorzième siècle, nous aurons l'occasion de compléter ce que nous n'allons qu'indiquer ici. Bien que les auteurs mystiques diffèrent souvent dans leurs vues, nous pouvons cependant résumer en très-peu de mots les principaux points de leur doctrine; ce résumé ne sera en même temps qu'une conséquence de la rapide déduction psychologique que nous avons donnée de l'idée du mysticisme. Selon ces auteurs, la perfection de l'homme consiste dans l'union avec Dieu. Son bien suprême est de se perdre dans l'essence de la divinité. Il n'arrive à cette perfection que par la foi et l'amour; cet amour doit être une abnégation complète de la volonté, un asservissement total du moi; l'homme n'y parvient pas par lui-même, mais par une grâce secrète et immédiate de Dieu. Cette grâce ne s'acquiert pas par l'activité d'une vie pratique, mais par un silence et un recueillement absolus, troublés par tout ce qui est hors de nous, favorisés au contraire par la mortification du corps et l'éloignement de tout ce qui est sensible et matériel.

Si aujourd'hui il est rare de trouver un homme qui veuille réaliser ces principes, c'est que les apôtres modernes du mysticisme prennent le change sur les résultats inévitables de leur doctrine, ou ne sont pas conséquens eux-mêmes avec leurs opinions. Cependant il est vrai que leurs paroles trouvent beaucoup d'écho, surtout en France; les consciences flottantes cherchent à retourner vers Dieu; on se sent encore repoussé de l'Évangile, puisqu'on ne se donne pas la peine de le comprendre; on est donc attiré vers tout ce qui peut satisfaire le besoin de l'infini, et on s'approche avidement du mysticisme qui s'annonce, d'un côté, comme le dernier mot de toute philosophie, et de l'autre, comme l'expression la plus parfaite de la religion chrétienne. Si ceux de nos contemporains qui tournent leurs yeux vers cette doctrine, comme vers une étoile capable d'éclairer leurs ténèbres, savaient où elle les mène, nous ne doutons pas qu'aussitôt ils ne se détournassent de cet astre trompeur, qui après tout n'est qu'un météore errant dans les espaces, et se dissolvant trop souvent en fumée; ils chercheraient ailleurs la lumière qui doit guider leur route. Mais d'où vient donc que ce mysticisme trouve tant de partisans? C'est que réellement il parle au nom du sentiment, trop long-temps comprimé par le matérialisme, et également méconnu par le système éclectique; c'est qu'il s'adresse à ce qu'il y a de plus intime et de plus sacré dans l'homme; c'est que tous les esprits vraiment religieux ont une secrète tendance vers ces régions mystiques, où le monde disparaît avec ses misères, et où l'âme est seule avec son Créateur; c'est enfin parce qu'il correspond à un profond besoin de notre nature, et qu'il a sa racine dans les replis les plus cachés de notre cœur. Mais souvent il arrive que ce qui commence bien finit mal, et le mysticisme, dont la source première est si pure et si limpide, ne tarde pas à se troubler et à mener aux extravagances les plus étranges et aux plus tristes folies. Car, comme nous l'avons fait observer déjà, il rompt l'harmonie de nos facultés, en ne se fondant que sur le sentiment et l'imagination, à l'exclusion de toutes les autres forces de notre âme. C'est là son caractère le plus général; cependant il se prononce diversement, selon les différentes individualités de ses sectateurs, et selon que chez ceux-ci l'un ou l'autre de ses organes prédomine[10]. On peut donc en distinguer plusieurs formes, qui d'ailleurs se rencontrent toutes dans l'uniformité du but, qui est l'union avec Dieu, et dans celle des moyens, qui sont la passivité du sentiment et l'intuition immédiate au moyen de l'imagination. Quoique la raison soit presque toujours un objet de haine pour le mystique, il peut arriver que par un reste de respect pour la dignité humaine, il essaie de l'allier avec ses théories, afin qu'elle lui prête une forme et une méthode; chose qui s'est vue chez plusieurs mystiques scolastiques du moyen âge.

10 Borger, trad. par Stange, p. 9. — Schmid, l. c., p. 20.

Nous croyons pouvoir ranger tous les mystiques en deux classes, dont l'une comprend ceux qui sentent Dieu, et l'autre ceux qui le voient.

1° Mysticisme où prédomine le sentiment; on peut l'appeler *pratique*, puisque l'âme ne se contente pas d'une contemplation de Dieu, mais qu'elle veut le sentir, recevoir de lui des impressions immédiates, le toucher en quelque sorte; elle veut attirer en elle-même l'absolu, l'incompréhensible, et désire que celui, dont nous ne pouvons nous approcher que par la foi, devienne pour elle l'objet d'une expérience certaine et irrécusable. Quand sur l'échelle de l'amour elle est montée au dernier degré de l'extase, où elle croit sentir la présence de son céleste fiancé, elle est arrivée au comble de toutes les jouissances, et elle ne sent pas seulement son Dieu, elle en jouit aussi; elle s'abandonne à lui, pour qu'il la pénètre et se l'identifie; elle souffre toutes ses influences, et craint de lui résister par la moindre activité; de là ce recueillement intérieur, ce retour dans les dernières profondeurs de l'âme, cette attente passive de l'arrivée du Seigneur, cette complète destruction du moi, menant peu à peu au quiétisme, et se perdant finalement dans les abîmes ténébreux du nihilisme le plus absolu. Tel est surtout le mysticisme des femmes. Comme tous ces sentimens sont vagues et confus, et que les extases mystiques consistent dans la suppression de la raison, il en résulte que lorsqu'on veut les retracer à d'autres, on manque de paroles, et qu'on devient obscur et inintelligible.

2° Mysticisme où prédomine l'imagination, mysticisme *théorique*. Il aspire moins à une union sensible avec l'objet de son amour, qu'à une intuition immédiate, à une contemplation réelle de l'invisible. Il se crée donc des types et des symboles, pour se représenter l'Être dont il est dit : Tu ne t'en feras point d'image. Il rentre également en lui-même, ou plutôt il prétend sortir de lui-même, puisque les distractions du monde offusquent sa vue; il ferme les yeux du corps, afin que ses yeux intellectuels puissent voir plus clairement, et comme l'âme n'arrive qu'avec peine à cet état de simplicité et de silence, où rien ne la remplit plus que l'image de Dieu, il cherche des moyens artificiels pour la transporter à ce degré de ravissement, où Dieu se montre dans toute la nudité de son essence. C'est là le secret des intuitions des solitaires Hindous et des anciens Hésychiastes du mont Athos. Quand l'âme mystique a réussi à se dégager de tout ce qui n'était pas Dieu en elle, celui-ci lui apparaît; et nous entrons dans le domaine si fantastique des visions. Si nous demandons aux mystiques comment l'Être infini s'est montré à leur vue intérieure, ils nous répondront qu'il leur est apparu d'une manière ineffable, comme une lumière éblouissante, ou bien comme la nuit la plus obscure. Cependant ils entendent sa voix, ils lui parlent, et le Verbe intérieur leur découvre les secrets de l'avenir. Mais bientôt l'illumination surnaturelle cesse, et l'âme est remplie de ténèbres qui l'effraient et l'attristent. Ces illusions psychologiques sont une source de bonheur et de joie pour certaines âmes, qui, trompées par une ardente imagination, peuvent être convaincues de la réalité de leurs visions; mais quelque lucides qu'aient été ces dernières, elles ne sont toujours que des faits individuels, et la lumière qui a jailli dans l'âme ravie, est incapable d'en éclairer d'autres.

Quand le visionnaire fait descendre Dieu en même temps dans la nature extérieure, pour qu'il lui explique les mystères de la création, ou lui procure des connaissances occultes, il devient théosophe, et s'engage dans tous les égaremens de la magie et de la théurgie.

Lorsqu'à ces états intellectuels se joint une grande force de volonté, une nouvelle et dangereuse illusion s'empare de l'âme du mystique. Il croit avoir renoncé à toute volonté propre, et s'imagine alors que tout ce que celle-ci lui dicte, est une inspiration divine, un ordre émané du Très-Haut. Arrivé à ce point, la contemplation intérieure, le doux recueillement, l'éloignement du monde ne sont plus ce qu'il recherche; il veut agir, il veut imposer aux autres ce qu'il croit être la loi de Dieu; il se précipite au milieu des hommes, et combat à outrance contre tous ceux qui s'opposent à ses erreurs. Il n'est plus seulement mystique, il est devenu fanatique; chez le premier tout est intime et silencieux, tandis que le second traduit son mysticisme en actions et souvent en crimes.

On a proposé encore d'autres distinctions des phénomènes mystiques; mais ils se laissent tous ranger dans l'une ou l'autre des deux classes que nous avons établies [11]. Quelles que soient d'ailleurs les formes dont cette tendance se revête, qu'elle soit philosophique ou religieuse, populaire ou spéculative, elle est dans tous les cas dangereuse et erronée. Le mysticisme n'est pas un état naturel à l'homme; il faut y arriver par des moyens réprouvés par la religion, aussi bien que par notre propre nature. Il méconnaît la majesté de Dieu; car quoi qu'il le fasse habiter dans une lumière inaccessible, il en fait un objet d'une expérience immédiate. Il méconnaît en même temps la nature de l'homme et le but de la vie; car il exige la mortification du corps, et, en plaçant le bonheur suprême dans le recueillement intérieur et l'abnégation absolue du moi, il détourne l'homme de la vie active, et l'isole au milieu de ses frères. Il méconnaît enfin les véritables rapports entre Dieu et nous; car l'union physique qu'il prêche est incompatible avec la condition d'êtres créés et finis, et contraire à l'union morale et intellectuelle demandée par l'Évangile. Par le mysticisme le divin est matérialisé, l'invisible est profané, la religion ne réside plus que dans le sentiment et dans l'imagination; elle n'est plus la tendance harmonique de toutes nos forces vers l'auteur de toutes choses; elle n'éclaire plus notre intelligence et ne soutient plus notre vertu. Dieu est en tout, et tout est en Dieu; voilà le dernier mot des mystiques; et si, dans un autre sens, cette proposition est aussi le symbole de notre foi, nous repoussons les conséquences que le mysticisme en fait découler; car si nous sommes ainsi

[11] Liebner, l. c., p. 232 et suiv. Mysticisme actif, quand une forte volonté est dominée par le sentiment; mysticisme contemplatif, quand il n'est qu'intérieur; mysticisme populaire, scientifique, spéculatif.

absorbés en Dieu, et en rapport immédiat avec son esprit, nous n'avons plus connaissance des choses de ce monde que par une illumination divine; la réalité de notre savoir est niée; nous voyons avec Malebranche toutes choses en Dieu; nous sommes déliés de l'obligation de nous servir de nos propres facultés, et notre liberté n'existe plus. Le mysticisme exige que nous prêtions une attention continue à ces influences supérieures, et enchaîne de cette manière l'usage raisonnable de nos moyens intellectuels. Il supprime la raison, dont il franchit les bornes dans ses courses aventureuses; il dégage l'homme du devoir d'en respecter les lois, et le place sous l'empire capricieux et fantasque du sentiment et de l'imagination abandonnés à eux-mêmes; il va jusqu'à interdire l'exercice de la pensée, de telle sorte que le moine Lopez s'est vanté de n'avoir rien pensé pendant trente-six ans. Le moi humain est ainsi anéanti, il périt dans l'essence divine, et la création de l'homme n'a plus aucun but, si ce n'est précisément, au dire des mystiques, cette annihilation absolue. On ne s'étonnera donc pas de leur mépris pour toute espèce de science, puisqu'ils ont en eux-mêmes la source des connaissances les plus sûres, révélées par des visions; ces connaissances ne souffrent aucune contradiction, comme aussi elle ne sauraient être prouvées par aucun raisonnement; car elles sont le résultat d'un sentiment ineffable et d'une intuition immédiate [12]. Ce sont là aussi leurs instrumens pour interpréter les Écritures; s'ils ne vont pas jusqu'à leur refuser toute valeur, ce qui peut arriver quelquefois, ils les regardent du moins comme une lettre morte, intelligible au seul sens intérieur illuminé par le Verbe; ce qui leur paraît trop clair dans la bible, ils l'expliquent allégoriquement, et troublent de cette manière la source si pure de notre religion. De même qu'ils rejettent la science humaine, ils se croient aussi en droit de rejeter la vertu ordinaire, qui a sa règle dans la loi morale.

12 Ewald, *Briefe*, etc., p. 275.

Ils refusent à la raison le droit d'être la législatrice de nos actions, et trouvent ailleurs la base de leur vertu enthousiaste. Non contens des moyens que l'Évangile nous offre pour nous rendre meilleurs, ils ont inventé ces innombrables exercices ascétiques, dont l'ensemble forme le code de leur morale, et par lesquels ils veulent parvenir à un but, que nul homme ne peut atteindre ici bas, à une entière impeccabilité [13].

Pour passer de ces illusions et de ces erreurs à la superstition, le chemin n'est pas long; dès que l'on sent et qu'on voit Dieu intérieurement, on est tout disposé à le voir aussi dans la nature extérieure, et à y découvrir à chaque pas les traces de son action mystérieuse, ou de la présence des esprits célestes. D'un autre côté, le mysticisme peut s'allier facilement, et surtout chez des esprits spéculatifs, avec certaines opinions philosophiques. La croyance que Dieu opère tout en nous, est sœur du fatalisme; celle, que la matière empêche notre union avec Dieu, peut mener à l'adoption de deux principes opposés; tandis que l'idée que Dieu seul a une existence réelle, que tout n'existe qu'en lui, est essentiellement panthéiste.

Maintenant on pensera peut-être que les partisans du mysticisme ne peuvent être en général que des esprits bornés et incapables de réflexion, et qu'un système qui aboutit à tant d'erreurs, ne peut attirer que des hommes faibles et crédules. Cependant il n'en est pas toujours ainsi. Souvent, il est vrai, quand le mystique est peu éclairé, il s'enferme en lui-même et ne se nourrit que de vaines illusions; dans sa foi égoïste, il méprise tous ceux qui ne partagent pas ses vues, et se plaît singulièrement dans son orgueilleuse mollesse, dans sa paresseuse ignorance; son âme est étroite et remplie de ténèbres, et il adore souvent comme divines, les images les plus sensuelles et les chimères les plus extravagantes. Mais quelquefois aussi nous ren-

13 Reinhard, l. c., II, 97, IV, 16. 238.

controns des mystiques doux et aimables, dont les luttes intérieures sont apaisées, et qui planent avec sérénité au-dessus d'un monde qui ne les touche plus. C'est envisagé sous ce point de vue, comme dernier asile après les contradictions et les combats de la vie, que le mysticisme a eu de tout temps un puissant et merveilleux attrait pour les âmes nobles et pieuses, qui l'ont embrassé avec amour malgré ses nombreux défauts. Car son but, l'union avec Dieu, est certes le but le plus sublime que l'homme puisse se proposer; et on ne saurait nier que le mysticisme, quand il recommande l'abnégation de la volonté et le renoncement aux vanités du monde, ne s'adresse à un besoin secret de notre nature. Il a surtout un charme irrésistible dans les temps de calamité publique, quand les liens de la société sont rompus de toutes parts, et que l'anarchie ou le despotisme accable les esprits; alors les âmes généreuses, blessées par le contact de tout ce mal qui les entoure, attristées par le mauvais succès de leurs efforts pour sauver la paix, et cherchant, après les orages de leur vie, un port pour y passer le reste de leurs jours, se tournent parfois vers le mysticisme, et s'y réfugient comme dans une asile assuré. Fatigués du spectacle des misères humaines, ils se disent dans l'amertume de leur cœur, que le monde ne vaut pas la peine qu'on s'en occupe, et que la véritable sagesse consiste à fuir cet océan éternellement battu par les tempêtes, et à jeter son ancre dans les profondeurs immuables de l'Amour éternel. La corruption générale n'a plus de prise sur eux; des hautes régions où ils sont arrivés, ils dédaignent de regarder à leurs pieds, et semblables à ces anciens stoïques qui attendaient sans s'émouvoir l'écroulement du monde, ils demeurent impassibles et indifférens pour tout ce qui jadis les frappait. Leur fuite vers le mysticisme est un acte de désespoir, pour résoudre les contradictions de la vie, et pour trouver la paix de l'âme; c'est un dernier effort pour arriver à la grande synthèse de l'antagonisme entre l'infini et le fini, entre Dieu et le monde; c'est une ressource extrême pour monter directement à

Dieu, et pour recueillir des consolations dans l'ineffable intuition de son essence.

Mais si des génies supérieurs ont pu trouver de la satisfaction dans ce système, est-ce à dire que tous les hommes doivent puiser à cette source? Si des caractères comme le chancelier Gerson, ont su éviter les écueils du mysticisme, et n'en ont pris que ce qu'il a de plus pur, est-ce là une preuve en faveur de leur doctrine? Non, sans doute! Car, si eux-mêmes ont été inconséquens avec leurs principes, si leurs intentions ont été nobles et vertueuses, ceux qui n'avaient pas le cœur aussi haut placé, devaient les méconnaître, s'égarer dans la voie ouverte par eux, et tomber à la fin dans les abîmes aux bords desquels ils avaient eu assez de force pour s'arrêter. Les docteurs du mysticisme eux-mêmes ont souvent tâché de lui poser des bornes; Gerson et Fénélon en ont maintes fois blâmé les excès, et ont prétendu que les âmes fortes et pures en étaient seules dignes. Le mysticisme ne saurait donc en aucune manière devenir une loi générale pour l'humanité; car que serait-elle, si chacun de ses membres voulait s'isoler et rentrer en lui-même, pour attendre des extases et des ravissemens? Et même dans les temps d'anarchie et d'oppression, les âmes qui cherchent leur refuge dans la résignation, ne sont que celles qui n'ont pas le courage nécessaire pour s'opposer à la perversité des hommes; ils préfèrent la fuite au combat, tandis que les caractères véritablement forts se jettent sans crainte dans la mêlée, et luttent avec énergie contre la grandeur du mal. Tels ont été nos réformateurs. Lequel est plus divin, celui qui se retire de la foule profane, pour prier et pour éviter le contact des hommes, ou celui qui, plein de foi, agit et se précipite dans la vie pour sauver ses frères? Il est beau sans doute de voir les héros de la vie intérieure, monter jusqu'à la source de l'Être, comme ces solitaires de l'Inde qui, dit-on, acquièrent par la contemplation une telle puissance que les sept mondes tourneraient en poussière au froncement de leurs sourcils; mais, — et nous nous souvenons ici des paroles d'un professeur célèbre[14], — il y a encore quelque chose de plus haut que de briser sept globes, c'est de vivre au milieu des hommes, de les aimer et de mourir pour eux. La gloire de l'homme, c'est de se développer uniformément, comme toute cette magnifique création qui l'entoure; c'est de veiller avec liberté sur les passions et les penchans qui pourraient troubler sa paix; c'est de posséder en toute patience son âme, selon une belle expression de Calvin; c'est d'agir et de lutter pour la vérité, d'aimer les hommes, et de s'élever à Dieu par une intelligence éclairée et une volonté pure.

Le mysticisme est donc, tant dans son principe qui méconnaît la nature de Dieu, que dans ses conséquences, où il tue la pensée et anéantit le moi, une constante aberration de l'esprit humain, bien qu'il soit peut-être une des théories les plus profondes que celui-ci se soit formées. Jusque dans sa négation de la raison, il fait preuve d'une éclatante spontanéité, et à certaines époques il a porté de beaux fruits. Dans l'anarchie intellectuelle du moyen âge, où la religion était réduite à des formules et à des distinctions plus ou moins subtiles, où la morale ne consistait que dans l'observation de quelques règles extérieures, et où l'empire des sens prévalait en tout, le mysticisme a seul pu sauver le sentiment religieux. Nous ne pouvons qu'admirer ces caractères supérieurs, chez lesquels le tumulte du dehors n'a pas étouffé la voix divine, et qui, repoussés par la corruption de leur époque, ont cherché leur ciel en eux-mêmes, et ont brisé le pouvoir des sens et de leur mauvaise cupidité[15]. C'est dans de pareilles crises que le mysticisme peut avoir une valeur; mais cette valeur ne sera toujours que relative, et, nous le répétons, elle ne pourra jamais témoigner de l'excellence de tout le système. Toutefois, en rejetant celui-ci, nous ne prétendons pas rejeter en même temps l'enthousiasme pour ce qui est beau et divin; sans lui, il ne

14 M. Michelet.
15 Huenerwadel, 26.

s'est jamais rien fait de grand dans le monde, il est la source du dévoûment, le principe du sacrifice. Mais il diffère essentiellement de toute espèce d'exaltation mystique, puisqu'il accepte les lois de la raison et n'agit qu'après une réflexion intelligente, avec une volonté entièrement libre. Nous n'entendons pas non plus éliminer de la religion tout ce qu'il y a de mystérieux en elle; car, au fond, qu'est-ce qui n'est pas mystère pour nous, tant dans le monde réel que dans celui des idées? Mais par respect pour la dignité de l'homme, qui, comme le dit Pascal, consiste dans la pensée, nous nous opposons à toute doctrine qui tendrait à l'éloigner de son but et à l'égarer dans des labyrinthes, au lieu de lui enseigner le chemin de la vérité. Le mysticisme étant une doctrine de ce genre, nous sommes obligé de le combattre. Nous n'ignorons pas qu'on a voulu distinguer entre le vrai et faux mysticisme (*Mystik und Mysticismus*); mais en nous fondant sur la définition que nous avons donnée de cette tendance, nous ne saurions admettre une pareille différence. Ce qu'on a appelé mysticisme vrai, n'est dans le fait que la véritable religion[16]. Le Christ ne condamne aucune des facultés de notre âme; et c'est par erreur qu'on dit que le mysticisme est le christianisme dans son principe pur, et qu'il procède en droite ligne de Jésus et de ses Apôtres[17]. La lumière de l'Évangile, qui nous affranchit par la vérité, est incompatible avec les ténèbres mystiques, où ne peuvent se complaire que des esclaves. Les deux doctrines s'excluent mutuellement; et Jésus-Christ, dont la vie n'a été qu'une série d'actions et de luttes, et dont la parole est claire et accessible à toutes les intelligences, n'a certes pas été le plus grand des mystiques, comme de nos jours encore on a voulu le prétendre[18]. L'union avec Dieu, qu'il nous enseigne, est une union toute morale et spirituelle : la résignation et le

16 Ammon, 77. — Reinhard, IV, 284. — Grævell, 24. — La différence entre *Mystik* et *Mysticismus* ne porte que sur des mots; la chose reste la même.

17 Balzac, *Livre mystique;* Par., 1836; t. I, préf., p. VI.

18 Ewald, 284.

dévoûment, dont il fait un devoir à ses disciples, n'est pas l'anéantissement mystique du moi. Et si le Christ lui-même a peut-être éprouvé, sur la colline des oliviers, les angoisses du doute pour partager toutes nos douleurs; s'il a senti ce pénible combat entre la vie et la mort, tellement qu'il est dit, qu'un ange est descendu du ciel pour le fortifier, il ne s'est pas retiré passivement du monde, il ne s'est pas soustrait à ses ennemis par la fuite; mais il est sorti de la lutte pour monter à Golgatha et pour mourir pour l'humanité. Heureux ceux qui, à son exemple, sont vainqueurs dans ce combat, qui en reviennent avec une force d'âme plus ferme et plus pure, et qui peuvent dire avec lui dans le véritable sens du mot : Que ta volonté soit faite, et non pas la mienne!

Pourtant, en nous opposant à l'invasion dont nous menace le mysticisme, nous ne pouvons nous empêcher, d'un autre côté, de nous élever avec une égale force contre l'opinion contraire, qui ne voit dans la doctrine chrétienne qu'une doctrine de mortification, et qui pousse l'oubli de Dieu jusqu'à réclamer la réhabilitation des sens, trop long-temps enchaînés par les préceptes rigoristes de l'Évangile. Nous protestons hautement contre cette tendance funeste : elle n'est à nos yeux qu'un dernier effort du matérialisme à l'agonie pour séduire la foule au nom d'une fausse liberté, mal cachée sous le nom d'émancipation de la chair. De pareils projets portent en eux-mêmes leur condamnation; et s'il fallait choisir, nous n'hésiterions pas à donner la préférence aux doctrines mystiques. Mais non! la nature humaine est viciée quand on la morcelle et la divise; tout en elle est destiné à se développer dans une entière harmonie, où aucun ton ne prédomine et où tout se résolve dans un parfait accord. Si cette unité est rompue, il n'y a plus que trouble et désordre, et le plus bel apanage de l'homme, la liberté de sa pensée, est méconnu et foulé aux pieds. Là, comme partout ailleurs, le Christ doit nous servir de modèle; si nous suivons ses traces, nous avons l'assurance de ne jamais faillir.

Il nous reste à dire un mot d'une aberration du sentiment religieux que l'on confond quelquefois avec le mysticisme, mais qui néanmoins lui est diamétralement opposée, quoiqu'il puisse arriver que les deux tendances se croisent et se réunissent dans le même individu. Nous voulons parler du piétisme, dont le méthodisme ne diffère presque pas. Quelques mots suffiront. Le sentiment religieux peut se prononcer de deux manières : d'abord, comme sentiment de dépendance de Dieu, et ensuite comme sentiment d'union avec lui. Si ce dernier prédomine, il engendre l'amour mystique; si c'est le premier, l'âme est remplie de terreurs et d'angoisses, et elle s'adonne au piétisme. Celui-ci se tourmente et s'inquiète dans la persuasion de sa misère, et se fonde essentiellement sur des idées exagérées du péché et de la grâce. Le mystique part de la haute idée d'une union immédiate avec Dieu, tandis que le piétiste se croit indigne de toute vie divine, et incapable de faire le moindre bien par sa propre force [19]. Nous ne pouvons mieux caractériser les divergences des deux opinions, qu'en citant un passage d'un théologien fort estimé [20] : « Le mystique a des idées trop hautes de la dignité de la nature humaine, quand il s'imagine qu'elle peut s'unir directement avec Dieu; le piétiste (ou le méthodiste) en a une idée beaucoup trop basse, puisqu'il lui refuse tout pouvoir de faire le bien, et lui enlève jusqu'à la possibilité de se former une notion du devoir. Le mystique se sent fortement attiré vers Dieu, qu'il embrasse avec toute l'ardeur d'un amour souvent sensuel; le piétiste tremble devant Dieu, juge austère et inexorable, au souvenir de son entière perversité. Le mystique regarde la vie d'un œil serein, et espère que toute contradiction se résoudra un jour dans une harmonie universelle, et que les hommes qui se séparent encore de Dieu, reconnaîtront leur erreur et se réuniront finalement avec lui; c'est pour cela qu'il con-

19 V. Cœlln, *Hist. Beit.*, etc., p. 10.

20 Fritzsche, 2 *Vorles.*, etc., p. 13.

sidère les pêcheurs comme des frères malheureux, dignes de toute sa compassion. Pour le piétiste, au contraire, tout ce que font les hommes est mauvais et damnable; le monde impie s'est insurgé contre Dieu, et se trouve vis-à-vis de lui dans la plus coupable hostilité. Quand il est arrivé au point de se croire régénéré par une grâce particulière, et sauvé de la corruption générale, il méprise ceux qui ne sont pas encore illuminés, ou, quand ils ont la hardiesse de nier la dépravation radicale de leur nature et de ne pas se prêter à ses tentatives de conversion, il peut aller jusqu'à les haïr et à les persécuter. Le mystique est le plus souvent un homme doux et bienveillant, et réclame, même pour ses aberrations les plus extravagantes, la sympathie de toute âme généreuse; tandis que le piétiste est presque toujours fier, ombrageux, méfiant, égoïste, avide de faire des prosélytes, et provoquant ainsi de la part de l'homme le plus paisible une résistance énergique à ses arrogantes prétentions. »

Malgré ces différences, les deux doctrines ont de nombreux points de contact, puisqu'elles cherchent l'une et l'autre des moyens extraordinaires et surnaturels pour s'élever à Dieu. On les voit assez souvent réunies dans la même personne; elles n'en deviennent alors que plus exclusives et plus dangereuses[21]. Quant à l'orthodoxie, elle n'a aucun rapport avec le mysticisme, auquel elle s'est même constamment opposée[22].

On nous demandera peut-être encore quelles sont les meilleures armes pour combattre le mysticisme. Nous répondrons qu'il est difficile à extirper d'une âme où une fois il a pris racine, puisqu'il récuse l'autorité du raisonnement. La violence et la persécution, au lieu de l'affaiblir, ne font que l'exalter encore davantage[23]. Le seul remède dont on puisse espérer quelque succès, c'est le progrès des lumières et du véritable christianisme. Quant aux moyens pour le

21 Huenerwadel, 43.

22 *Ib.* 46.

23 Ammon, 84.

prévenir, il y en a plusieurs : une science éclairée, une instruction religieuse conforme à l'Évangile, une juste interprétation de l'Écriture, une vie active et pratique, une philosophie claire et intelligible, qui ne rejette ni la science ni la foi, et qui n'isole ni ne confonde Dieu, l'univers et l'homme[24].

Comme il est souvent le résultat de causes corporelles, d'une complexion débile ou d'un tempérament mélancolique, et qu'alors il produit de nombreux dérangemens dans l'organisme, il doit aussi être un objet d'étude pour le médecin et le physiologiste[25].

Si au commencement de notre travail nous n'avons pas adopté la voie historique pour établir la définition du mysticisme, nous n'avons pas voulu dire par là que l'histoire de ce phénomène psychique soit sans importance et sans intérêt. Nous croyons au contraire que cette histoire est un complément essentiel de celle de la religion et de la philosophie, et qu'il est utile de la suivre dans ses développemens successifs, à travers toutes ses phases. Car c'est l'histoire de l'activité et des égaremens d'une de nos plus nobles facultés ; elle nous découvre des individualités étranges et originales, elle nous fait assister aux luttes intérieures les plus douloureuses, elle amène devant nos yeux des âmes sublimes et divines, elle nous transporte dans un monde plein de merveilles ; mais elle nous dévoile en même temps le triste spectacle d'illusions absurdes, et d'excès qui nous révoltent[26].

L'étude de cette histoire est un champ immense, semé de nombreuses difficultés, surtout quand on voudrait la suivre depuis l'Orient à travers le platonisme de la Grèce et la philosophie alexan-

[24] Huenerwadel, 49. — Wessenberg, 403 et suiv.

[25] Heinroth, *Gesch. u. Krit. des Mystic., ein Beitr. zur Seelenheilkunde;* Leipz., 1830; 8°, préf.

[26] Lücke, *über d. Idee einer krit.-psychol. Gesch. des Myst.*, dans Stæudlin *u.* Tzschirner's *Archiv für alte und neue Kirchen-Gesch.;* Leipz, 1814; t. II, 1ᵗᵉ St., p. 123 et suiv. « *Nirgends wohnt der grosse Geist so nahe bei Bedlam*, » dit Jean de Müller.

drine jusqu'au moyen âge, et plus tard jusqu'à la théosophie de Jacob Bœhme et de Swedenborg, pour aboutir aux tendances mystiques modernes. Une histoire du mysticisme, selon le vœu de Herder et de Jean de Müller, serait une belle chose, et remplirait une grande lacune dans la littérature [27]. Il est étonnant que personne n'ait entrepris de l'écrire [28]. Pour nous, nous avouons que nous manquons des connaissances que réclamerait une œuvre de cette étendue; nous avons donc borné le présent travail à une partie du moyen âge, où le mysticisme paraît sous une de ses formes les plus remarquables. Nous ne saurions partager l'avis de ceux qui prétendent que l'étude de ces temps, sous le rapport théologique, est de peu de valeur pour le protestant. Il est vrai que l'esprit particulier à cette grande période ne reviendra jamais; mais cependant, il y a certains phénomènes qui, bien que sous d'autres formes, se reproduisent à toutes les époques, quand les causes dont ils procèdent apparaissent de nouveau dans l'histoire. De ce nombre est le mysticisme. Plusieurs raisons nous ont décidé à nous arrêter au quatorzième siècle. Le docteur Schmid a donné une excellente histoire du mysticisme jusqu'à Richard de Saint-Victor; il serait curieux sans doute, d'en rechercher les traces dans le treizième siècle, qui est celui de Bonaventure et des sectes manichéennes; mais ce n'est qu'avec le quatorzième

27 Herder, *Ideen zur Philos.*, etc.; Carlsr., 1820; t. IV, 294. — Müller, *Schweitzer Gesch.*, Stuttg., 1833; 16°; t. XI, 206. — Lücke, l. c., 147.

28 Ce n'est que de nos jours qu'on a senti l'importance d'une pareille histoire. Jusque-là on était obligé de se contenter des maigres traités de G. Arnold, *Historia et descriptio theol. myst.*; Francf., 1702; 8°, et de Poiret, *Lettre et catal. sur les écrivains myst.*; Amst., 1700; in-12. — Outre ces catalogues très-imparfaits, on trouvait quelques bons chapitres dans Schrœckh, *Kirchengesch.*; Leipz.; 1799; t. XXIX, p. 263 et t. XXXIV, p. 169, etc. — Stæudlin, *Gesch. der Sittenl Jesu*; Gœtt., 1812; t. IV, 407, etc., et *Gesch. der christl. Mor. seit dem Wiederaufleben der Wissensch.*; Gœtt, 1808, 134, etc.; et surtout dans De Wette, *christl. Sitten'.*; Berl., 1821; t. II, p. 2, 67, etc. — Dans les derniers temps le prof. Lücke a promis une histoire du mysticisme; mais on est encore à l'attendre. La partie historique de l'ouvrage cité du Dr Heinroth, n'est, à proprement parler, qu'une compilation. Du reste, le profond auteur, quoiqu'il combatte le mysticisme, y touche cependant de bien près.

qu'il commence à se revêtir d'un caractère original. Cette époque de son histoire est infiniment plus intéressante que celle qui précède et celle qui suit. Dans le quinzième siècle il se sépare en deux directions : d'un côté Gerson se rattache aux chanoines de Saint-Victor, pour combiner le mysticisme avec la philosophie; de l'autre, Thomas a Kempis, l'auteur présumé de l'*Imitation de Jésus-Christ*, continue la série des mystiques pratiques et populaires. De toutes parts, dans ce siècle, se fait sentir l'approche d'une grande révolution destinée à changer le monde, et les esprits, occupés des débats de l'Église, et puissamment excités par des inventions et des découvertes, n'ont pas le temps de se livrer aux extases d'une oisive contemplation.

Notre travail sera donc nécessairement un fragment imparfait; nous désirons même qu'il soit envisagé comme tel. Nous nous bornerons à esquisser rapidement l'histoire du mysticisme jusqu'à l'époque qui forme notre sujet spécial, pour exposer ensuite la vie et les doctrines des principaux mystiques qui l'ont illustrée. Quant à cette introduction, bien qu'elle soit loin d'avoir épuisé la matière, nous avons cru devoir lui donner cette étendue, afin qu'on ne se trompe pas sur ce que nous-même nous pensons du mysticisme et de sa valeur comme doctrine philosophique et religieuse.

CHAPITRE PREMIER.

Coup d'œil sur l'histoire du mysticisme, jusqu'au quatorzième siècle.

Toutes les religions de l'antiquité présentent des traces plus ou moins visibles de mysticisme. Il a sa source dans les spéculations, aussi anciennes que le monde, sur l'origine du bien et du mal. Dans le polythéisme, effort imparfait de l'humanité qui cherchait un Dieu caché sous les voiles de la nature, le mysticisme ne se rencontre que sous la forme des tendances pratiques de la magie et de la théurgie, et peut-être dans les initiations de certains mystères[1]. L'un de ses deux principaux organes, le sentiment, était encore peu developpé; tout l'empire appartenait à l'imagination. L'Orient, cette région de merveilles et de poésie, patrie du plus ancien panthéisme, est son véritable berceau; c'est surtout aux bords du Gange que s'est formée une profonde métaphysique mystique, exposée dans le Bhagavad-Gita par Krishna lui-même; ce mysticisme parle un langage allégorique et sensuel, et aspire par les macérations les plus raffinées à s'enivrer de l'essence divine et à s'y noyer complètement[2]. Dans la Grèce il y a peut-être des idées mystiques sous le voile de certains mythes symboliques; elles forment la base du système de Pythagore, et Platon, en construisant son monde idéal, a déposé dans ses ouvrages les germes de toutes les spéculations mystiques subséquentes. Elles sont étrangères à la législation de Moïse ainsi qu'au langage poétique des prophètes hébreux; ce n'est que plus tard, par le contact avec l'Orient, que s'est élevée la secte contemplative et ascétique des Esséniens et des Thérapeutes.

L'apparition de l'Évangile devait ouvrir au mysticisme un monde tout nouveau; car la doctrine chrétienne s'adressa à des besoins de notre âme jusqu'alors peu cultivés, savoir au sentiment et à l'amour pour Dieu. Quant à elle-même, elle n'est rien moins que mystique; mais les livres du Nouveau-Testament, surtout ceux de saint Paul et de saint Jean, sont devenus une mine inépuisable où l'imagination et le sentiment ont creusé pendant des siècles, et d'où ils ont cru retirer, comme autant de trésors, les théories de la contemplation. La croix est devenue le symbole d'un nouveau mysticisme, et le désir de tous les cœurs pieux a été de s'unir avec le Seigneur dans un amour que nul langage ne peut décrire.

[1] Heinroth, 156, etc.

[2] Cousin, l. c., 220 et suiv.—Heinroth, 125, etc.—Surtout Bochinger, *sur la connexion de la vie contemplat., ascét. et monast. chez les Indous, etc., avec les phénom. sembl. que présente l'hist. de l'islamisme et du christian.*; Strasb., 1831; in-4°.

La propagation du christianisme donna lieu à deux directions, partant à peu près de la même source, et toutes les deux hostiles à l'Église, quoique l'une voulût conserver et épurer l'Évangile : nous voulons parler du gnosticisme, de cette curieuse doctrine des émanations, du mépris de la loi humaine et divine, de la haine pour les sens, et du néo-platonisme, qui a changé les idées de Platon en une lumière intérieure, en une intuition immédiate de l'absolu. C'est principalement sous la tutelle et sous l'influence de cette philosophie que s'est formé le mysticisme chrétien, et qu'il a pris cette forme particulière qui le distingue dans le moyen âge. Les Alexandrins veulent s'élever à la connaissance de l'Unité suprême et à une parfaite union avec l'intelligence absolue ; cette union est pour eux le dernier but de l'homme, et on n'y arrive que par la contemplation, la *théorie*, la réduction de l'âme à l'état d'intelligence pure ; l'extase est le moyen de parvenir à cette *unification* de l'homme avec Dieu. De bonne heure déjà l'influence de ces doctrines se fait sentir : les anciens pères *platonisans* ont laissé tomber çà et là dans leurs écrits des semences de mysticisme. A côté d'eux et de leur tendance scientifique s'est développée l'autre face du mysticisme, c'est-à-dire la morale ascétique et rigoriste, dans les cellules des premiers solitaires de la Thébaïde ; la vie monastique, favorisée en partie par l'anarchie de l'époque et les persécutions des chrétiens, a son origine dans les idées mystiques du renoncement au monde et de la mortification du corps pour triompher de tout ce qui empêche la contemplation.

En Occident, il sembla d'abord que le mysticisme dût trouver un moins grand nombre de partisans, puisque les Latins se sont dès l'abord opposés à l'introduction de la philosophie païenne ; l'influence des néo-platoniciens ne s'est fait remarquer que sur les pères de l'Église grecque, sur Clément d'Alexandrie, sur Origène, qui, sans songer encore à rattacher le mysticisme à des idées spéculatives, ne l'ont principalement employé que pour l'interprétation allégorique de l'Écriture.

Jusqu'ici nous ne voyons dans le sein de l'Église que des débats théologiques sur les dogmes; mais la rencontre de deux hommes, l'un Africain, l'autre né sur les côtes de la Bretagne, va donner lieu à une lutte philosophique de la plus haute gravité, lutte qui se prolongera à travers tout le moyen âge, et qui, aujourd'hui encore, divise les esprits. Augustin, le profond docteur, croyant l'Église menacée par les assertions de Pélage, s'est laissé entraîner par son zèle à des opinions exagérées, dont l'Église elle-même, quoiqu'elle se vantât sans cesse de marcher dans les traces de son défenseur, a bientôt dévié. Notre nature est foncièrement viciée, dit-il; par le raisonnement, nous nous efforçons en vain de monter à la vérité : nous ne la reconnaissons que par la foi, par l'intuition intellectuelle de la lumière en nous; or, Dieu est lui-même cette lumière, et pour le trouver, nous avons besoin de sa grâce, de laquelle seule dérive tout bien; ses effets sont contrariés par la matière; il faut donc se détacher des sens et rentrer dans le fond de son âme où habite la vérité. En même temps, le dogme de la prédestination fait de la passivité et de l'attente de l'opération divine l'unique devoir de l'homme. C'est par de pareilles doctrines que les écrits de l'évêque d'Hippone sont devenus une des principales sources où ont puisé les mystiques de tous les temps. Dans l'histoire de la spéculation, Augustin est l'anneau qui lie l'ancien monde au monde chrétien. Le mysticisme et la dialectique sont encore intimement liés chez lui, peut-être à son insu; mais ils vont se séparer de plus en plus, et suivre chacun sa route particulière.

Avant que de passer outre, nous avons à parler encore d'une autre source, qui, se mêlant à celle qui vient d'être citée, a donné naissance à ce large courant de mysticisme qui a coulé à travers le moyen âge. Cette source abondante sont les livres célèbres, qui apparaissent soudain dans l'Église sous le faux nom de Denis l'Aréopagite. Personne aujourd'hui ne croit plus à l'authenticité de ces livres; mais quel qu'en soit l'auteur, ils renferment de profondes méditations sur Dieu et sur la nature de nos connaissances par rapport à l'absolu. Comme ils n'enseignent au fond qu'un émanatisme panthéiste très-subtil et très-conséquent, l'auteur n'a pu être qu'un mystique néo-platonicien[3]. Dieu, d'après lui, est celui qui est (ὁ ὤν); il est le principe de tout être (ὅλου τοῦ εἶναι), l'origine (γένεσις) de l'universalité des existences. Il est tout ce qui est et dans tout ce qui est, mais il n'est en particulier rien de tout cela; il n'a ni qualité ni quantité; il est sans nom, car un nom quelconque limiterait son essence infinie; mais en même temps tous les noms lui conviennent, puisqu'en lui sont les types de toutes choses. On peut donc tout affirmer et tout nier de lui: il est tout et rien; il est en même temps πολυώνυμος et ἀνώνυμος, et la voie négative est la seule possible pour arriver à une idée qui réponde à son être. Sa véritable nature est la Bonté, source d'où est émanée la création; d'une manière surnaturelle et incompréhensible, cette Bonté est aussi Beauté et Amour : toute créature porte le reflet de cette Beauté, et tend à y retourner, elle l'aime. Comme tout dérive du Bien suprême, il ne peut pas y avoir de mal absolu; tout ce qui paraît mauvais, est essentiellement bon, puisque par le seul fait de l'existence il participe de la Bonté divine. Le mal n'est donc ni dans ce qui est ni dans ce qui n'est pas; il n'est ni dans les animaux ni dans la nature inanimée; il consiste uniquement dans la négation ou la privation du bien : les démons ne sont mauvais que parce qu'ils se sont privés de leur pureté originelle. Le caractère du mal, c'est de détruire; celui du bien, de conserver : tout ce

[3] Dionysii Areopagitæ *opera*. Ed. Corderii. Venet; 1756; 2 vol. in-fol. Voici les titres de ces ouvrages : *De cœlesti hierarchia; de ecclesiastica hierarchia; de divinis nominibus; de mystica theologia;* 10 *epistolae*. On a beaucoup écrit sur ces livres, qui viennent d'être traduits en allemand par M. le prof. Engelhardt, à Erlangen. Ce savant auteur a aussi publié une dissert. *de Dionysio plotinizante*, que malheureusement nous n'avons pu nous procurer.

qui subsiste est donc bon. Néanmoins le mal est punissable dans l'homme, puisque Dieu lui a imprimé le cachet de la Bonté, et que par sa volonté propre il efface cette marque et s'éloigne ainsi du Bien. Cependant tout ce qui est divisé, tout ce qui se contredit, est uni en Dieu, et retrouvera en lui son harmonie. Ce Dieu nous est inconnu quant à sa véritable essence; le monde matériel est un miroir dans lequel nous apercevons les symboles du monde spirituel; et par la contemplation de ces symboles, nous nous élevons à une certaine notion de la Divinité; mais nous ne parvenons à son idée que par la négation de tout ce que nous avons abstrait du monde visible et invisible. A ces deux chemins pour monter à Dieu correspondent deux sortes de théologies: l'une secrète et mystérieuse, la théologie mystique; l'autre claire et philosophique, se fondant sur des preuves et des abstractions fournies par la science. Cette dernière toutefois ne nous donne de l'absolu que des notions très-imparfaites; tandis que l'autre, consistant principalement dans une ignorance de tout ce qui n'est pas Dieu, nous mène à l'intelligence des secrets divins, et nous introduit dans les lumineuses ténèbres de l'essence pure. Seulement les hommes dont l'âme est sainte, sont capables de recevoir cette illumination surnaturelle, qui éclaire les profondeurs inscrutables de la Sagesse, et que Dieu produit par un effet incompréhensible de son amour. L'homme entre alors dans une union suprême avec celui qui est au-dessus de toute science et de tout être; il se perd dans les abîmes de sa nature, où toute différence cesse et où tout est éternellement identique. Le but de l'homme est donc l'union, la conjonction avec Dieu, l'assimilation à l'infini, la déification. La contemplation mystique le fait arriver à cette jouissance ineffable, en simplifiant son âme, en la rappelant des sens et des opérations intellectuelles, en la rendant indifférente à toutes les choses tant sensibles qu'intelligibles, et en l'élevant au-dessus de ce qui est pur et impur, au-dessus même de toute lumière, de toute idée.

Nous n'avons pas eu tort en qualifiant cette théologie de panthéisme et de doctrine d'émanation; car Dieu y est tout, tout est dérivé de lui pour rentrer de nouveau dans son essence. Comme en général tout mysticisme panthéiste, elle tourne dans un cercle vicieux, puisque nous devons toujours demander: qu'est-ce donc que Dieu a créé, si tout est Dieu? et qu'est-ce qui rentrera en lui, si maintenant déjà tout est en lui, et ne saurait subsister sans lui? Du reste, l'origine du mal n'est pas suffisamment expliquée, quand on le fait consister dans la privation du bien, car quelle est, en dernière analyse, la cause de cette privation? Ce sont là des écueils auxquels s'est heurté le mysticisme de tous les temps; mais il partage en cela le sort de toute philosophie qui veut résoudre ces problèmes, quel que soit le point d'où elle parte. Quoi qu'il en soit, le système de Denis de l'Aréopage a dû avoir un singulier charme dès les premiers siècles du moyen âge, précisément à cause de son obscurité; il a dû attirer tous les esprits qui, dans le chaos d'hommes et d'idées dont le débrouillement commençait à peine à se faire, désiraient du repos, et aimaient à se perdre dans une contemplation mystique et rêveuse. Il a donc répondu à un besoin de l'époque, bien qu'il n'ait pas encore pu être compris, même par ceux qui s'élevaient au-dessus de la foule. Ce n'est que plus la suite que sa prodigieuse influence s'est manifestée. Ainsi qu'Aristote et la Bible, les livres de Denis ont fourni le texte d'innombrables commentaires. Non-seulement les mystiques les ont pris pour base, mais les dialecticiens les plus subtils les ont expliqués et commentés, comme Albert-le-Grand et Thomas d'Aquin. On les reconnaissait universellement pour les ouvrages de Denis converti par saint Paul, et l'admiration était si grande que Gerson parle encore du « grand et divin Denis, » qu'il confond, ainsi que la plupart des docteurs français, avec le patron de la France[4]. Ces livres, composés peut-être dans le cinquième siècle, ne

[4] A. de Saussay, *de Mysticis Galliae scriptor;* Paris, 1639; in-4°.

paraissent dans l'Occident qu'au neuvième; en 827, l'empereur grec Michel les envoya à Louis-le-Débonnaire, qui les fit traduire par Hilduin, abbé de Saint-Denis[5]. Leur effet sur le génie occidental ne se fait sentir que depuis Scot Érigène, qui les traduisit de nouveau en 867, sur l'ordre de Charles-le-Chauve[6]. Scot est un de ces esprits supérieurs, qui passent quelquefois sur la terre, trop tôt de plusieurs siècles, et qui se tiennent à une hauteur où l'intelligence des contemporains ne saurait encore atteindre, semblables à des étoiles solitaires qui brilleraient dans le vide, et dont les rayons frapperaient en vain la faible vue des hommes. Ce hardi penseur qui avait étudié Platon et Aristote, et que Denis de l'Aréopage avait inspiré, élabora un système original, dont le but était l'union du mysticisme et de la philosophie. Ses spéculations aboutirent à un profond panthéisme idéaliste, qui se réduit à peu près aux propositions suivantes : Dieu est tout et tout est Dieu ; la nature, émanée de lui, rentrera dans son sein ; lui seul a une existence réelle, le monde n'est qu'une forme, une *théophanie;* par la création l'unité divine s'est divisée, et est devenue multiplicité ; le but de tout être est de rentrer dans cette unité *(adunatio)*, de s'assimiler de nouveau à Dieu par une dernière déification. Le mal, dans ce système, est sans cause *(incausale)* ; le péché est un abus des forces de notre intelligence[7].

Ces idées ont été reproduites plus ou moins par les mystiques des siècles suivans; à l'époque de Scot lui-même, personne encore n'en saisit la portée; son influence sur ses contemporains est presque nulle, en partie aussi parce qu'il était décrié comme hérétique et persécuté par Rome. Après lui, dans les orages qui succédèrent à l'extinction de la race de Charlemagne, l'obscurité régna de nouveau dans l'Europe, et deux siècles se passent dans une nuit pres-

[5] Stæudlin, *Geschichte der Sittenl. Jesu*, t. II, 314 et suiv.

[6] Schmid, l. c. 114. Cette traduction a été publiée à Cologne en 1530 et 1536.

[7] *Ib.* 120 et suiv. Scot a exposé sa doctrine surtout dans son livre *de Divisione naturae;* Ed. Thom. Gale. Oxf. 1681, fol.

que complète. Pendant ce temps toute science dormait; la tendance mystique spéculative ne se découvre plus que çà et là, chez quelques esprits isolés. L'Église entière était alors mystique; par son culte et les mystères de ses sacremens, elle éblouissait l'imagination des peuples, et offrait une nourriture abondante à leur vague sentiment. Mais dès le onzième siècle, la vie intellectuelle recommence à fleurir; on se livre avec originalité à des réflexions sur les dogmes, qu'on veut consolider par le raisonnement, et nous découvrons les vestiges d'un mouvement scientifique très-prononcé, répandu dans toute l'Église et partant surtout des écoles de l'Allemagne[8]. Déjà la dialectique grandit au point de provoquer une résistance; celle-ci est encore flottante et indécise, et c'est moins au nom du sentiment qu'en celui de la foi orthodoxe, que le moine Othlo, et après lui Honoré d'Autun, protestent contre la scolastique naissante[9]. Celui même que l'on regarde parfois comme le père de cette dernière, Anselme de Canterbury, a encore des traces de la tendance opposée, et en disant, « *credo ut intelligam*, » il n'a fait qu'émettre une des idées fondamentales du mysticisme. Le règne de celui-ci ne commence réellement qu'au douzième siècle, avec la rapide extension que prit dès-lors la scolastique. La raison, arrivée à la conscience de sa liberté, mais retenue encore par l'autorité de l'Église, se mit à travailler sur le système catholique, dont elle admit les dogmes, sauf à les expliquer par la logique d'Aristote. La prépondérance exclusive qu'elle acquit de cette manière, les erreurs dans lesquelles ses

8 Schlosser, *Vincent v. Beauvais*, etc. Frankf., 1810, in-8°, t. II, p. 4.

9 *Ib.* 26 et suiv. — Tiedemann, *Geist der speculat. Phil.* Marb 1795, in-8°, t. IV, 313.— Othlo, moine à Ratisbonne, adversaire de Lanfranc et d'Anselme. Honoré d'Autun, mort vers 1125, auteur d'une *Scala coeli*. On peut encore citer: Candidus, disciple d'Alcuin, et adversaire des dialecticiens Fridugis et Abogard; Angelomus, moine à Luxeuil vers 840; Robert de Bayeux, commentateur mystique du *Cantique des cantiques;* le moine bourguignon Hervé; Odon de Cambray, expiant ses études de la dialectique par une rigoureuse retraite dans un couvent; peut-être aussi le moine de Marmoutiers Gaunilo, l'adversaire d'Anselme.

desseins devaient nécessairement la précipiter, les terminologies, les distinctions subtiles, les formules oiseuses auxquelles elle semblait vouloir réduire la religion, éveillèrent une puissante réaction de la part du sentiment, effrayé de cet océan de phrases dans lequel allait se noyer la foi chrétienne. Il se leva donc contre la scolastique avec toute sa chaleur et son intimité, et le mysticisme, sous la forme duquel il combattit, ne tarda pas à devenir aussi exclusif que son adversaire. De là deux directions principales que prit la spéculation religieuse dans le moyen âge, toutes les deux se fondant sur la foi de l'Église, mais l'une l'expliquant par la raison, et l'autre se l'appropriant par l'imagination et le sentiment. Dans la grande lutte entre la scolastique et le mysticisme, vinrent alors se perdre toutes les querelles théologiques et philosophiques du moyen âge, celles entre le rationalisme et l'orthodoxie, ainsi que celles entre Pélage et Augustin, entre Aristote et Platon. Bientôt une opinion médiatrice essaya de se placer entre ces deux extrêmes, et de concilier ensemble deux choses entièrement disparates et se refusant continuellement à toute union conséquente. C'est la tendance de plusieurs hommes très-éminens qui, en fondant la dialectique et le mysticisme en un seul tout, voulaient satisfaire également à tous les besoins de l'âme. Tel fut le but des généreux efforts de l'école de Saint-Victor, et des docteurs qui en perpétuèrent l'esprit[10].

La lutte entre le sentiment et la raison éclata pour la première fois, lorsque Pierre Abélard, avec toute la force de sa haute intelligence, voulut asseoir la foi sur une base solide, en la démontrant par la philosophie. Il était loin de la prétention d'avoir trouvé par ce moyen une route assurée pour arriver à une connaissance complète de Dieu; la seule chose qu'il demandât, c'est que la foi ne restât pas aveugle, mais qu'elle fût le beau fruit d'une réflexion

10 V. sur cette école remarquable, fondée par Guill. de Champeaux, Schlosser, p. 35 et suiv., et Liebner. *l. c.*, p. 8 et suiv.

intelligente et éclairée. C'était là encore émettre une pensée prématurée, dont le siècle était incapable de comprendre la hauteur et la liberté. Il n'y vit qu'une nouveauté hérétique, et le fougueux champion de l'Église, Bernard de Clairvaux, lui déclara aussitôt une guerre acharnée. Cet homme réunissait à une grande vivacité de sentiment et d'imagination une infatigable persévérance dans ses projets; mais il lui manquait le profond savoir et le caractère élevé de son adversaire. Son zèle pour la défense de la foi positive le mena au mysticisme; toutefois il n'est jamais descendu dans ses profondeurs les plus cachées; il se meut dans les bornes étroites du dogme de l'Église et d'une morale purement ascétique; sa contemplation est toute pratique; les hautes spéculations et les sublimes théories de Denis et d'Érigène lui sont entièrement étrangères. Le principal caractère de son mysticisme, qui n'a de beau et d'original que plusieurs passages touchans sur l'amour divin, est la haine de la philosophie. Il concentra cette haine sur Abélard, qu'il poursuivit dans tous ses asiles, sans lui accorder un seul moment de repos, pendant sa longue vie de malheurs et d'amertumes[11].

Cependant, malgré le triomphe de Bernard, la direction ouverte par celui qu'il avait vaincu, devint bientôt la dominante, de telle sorte que les faibles héritiers de son esprit s'opposèrent vainement à l'invasion de la dialectique[12]. C'est à ce moment alors que fut entreprise, par les deux illustres chanoines de Saint-Victor, la conciliation des deux systèmes.

Hugues, comte de Blankenbourg en Saxe, élevé dans une des savantes écoles de l'Allemagne, et mort dans toute la force de son âge

[11] Neander, *Der heil. Bernhard u. sein Zeitalter;* Berl., 1813; 8°. Surt. p. 117, etc. et 228, etc. — Schmid, 187, etc. — S. Bernardi *opera*, ed. Mabillon; Paris, 1690, fol. Surtout les cinq livres *De consideratione*, à son ami le pape Eugène III; t. I, p. 408, etc., et ses sermons.

[12] Schmid, 279. — Schrœckh, XXIX, 73. — Guillaume, abbé de Thierry à Rheims, † 1153. — Guerric, abbé d'Igny, † 1157. — Arnauld de Chartres. — Alred, moine de Cîteaux. — Robert, abbé de Duits. — Gilbert de Hollande, † 1173, etc.

(en 1141, âgé de quarante-quatre ans), est le premier qui ait essayé cette fusion. Sa raison éclairée ne pouvait se résoudre à se soumettre au joug du mysticisme, tandis que son profond sentiment religieux ne trouvait dans la scolastique aucune satisfaction. Son esprit spéculatif aimait à parcourir le monde des idées, d'où la loyauté de son âme le rappelait sans cesse au milieu des hommes, pour leur communiquer les préceptes d'amour et de bienveillance qu'il avait puisés dans les régions supérieures. C'est ainsi que la scolastique lui sert d'échelle pour monter au mysticisme, et que celui-ci a chez lui un caractère éminemment pratique. Il ne l'a pas encore réduit en système, il est disséminé dans ses nombreux écrits, surtout dans son obscur commentaire sur Denis l'Aréopagite. Le but de sa contemplation est l'union avec l'Unité suprême, avec l'Être infini, que la raison ne comprend qu'imparfaitement. Quand l'âme est arrivée à cette hauteur, le monde disparaît, toutes les contradictions s'unissent dans une harmonie divine, et l'on revêt la déiformité. La voie de l'amour est la plus sûre pour atteindre ce but; l'amour est au-dessus de la science; on aime beaucoup mieux qu'on ne comprend. Cependant la science humaine est le milieu que la contemplation doit nécessairement traverser; elle est la condition de la foi. Aussi Hugues de Saint-Victor a-t-il été un des hommes les plus instruits de son époque, et versé dans tous les genres de connaissances. La vénération de ses contemporains a vu en lui un autre Augustin, et l'a nommé le maître par excellence[13].

L'œuvre de conciliation qu'il n'avait fait qu'ébaucher, fut reprise par son disciple Richard (né en Écosse et mort en 1173), qui a réuni en un système original les élémens du mysticisme spéculatif épars dans les ouvrages de Hugues. Richard a plus de philosophie que son maître, le vol de son imagination va plus haut. Il se distingue avant tout par une étude psychologique approfondie; il con-

13 *Alter Augustinus, lingua Augustini, Didascalus*. Liebner, 16, etc. 256, etc. —Schmid, 282, etc.

naît le cœur humain avec ses passions et ses penchans les plus secrets, et comme base de toutes ses méditations, il a posé le principe: avant que de vouloir connaître la vérité divine, apprends à te connaître toi-même. Ainsi que Hugues, il s'est vu arrêté par les bornes de la raison, et a cru à la possibilité d'une science surnaturelle. Son terme est donc le mysticisme, pour lequel la scolastique lui prête ses formes et ses distinctions. En partant de là, il est arrivé à établir dans ses nombreux traités, cette vaste et complète théorie de la contemplation, qui lui a valu le nom de *Magnus contemplator*. Il commence par l'examen des facultés de notre âme, et en découvre deux principales: la raison, qui discerne et qui est servie par l'imagination; l'affection, qui aime, et dont les serviteurs sont les sens (*sensualitas*). La vertu consiste dans l'harmonie de ces facultés, mais comme elles tendent à divaguer, il faut les dompter par des privations et par l'étude continuelle de soi-même. L'âme qui apprend ainsi à se connaître et à se simplifier, est peu à peu élevée à la contemplation de l'infini; un cœur pur est un miroir où la lumière divine se reflète le mieux. L'action de la pensée est triple, elle est 1° *cogitation*, qui se fait par l'imagination, en considérant les choses visibles; 2° *méditation*, par la raison qui considère les choses invisibles et compréhensibles; 3° *contemplation*, par l'intelligence qui se porte sur les choses en même temps invisibles et incompréhensibles, comme par exemple sur le mystère de la trinité. On arrive à cette contemplation par trois moyens; 1° par notre propre action (*propriâ industriâ*); 2° par cette action jointe à la grâce; 3° par la grâce seule. De là trois degrés de la contemplation: 1° *dilatation* de l'esprit, quand les forces intellectuelles augmentent en intensité, et que le cercle de nos connaissances s'élargit; 2° *élévation* de l'esprit, quand l'intelligence, éclairée par une illumination divine, pressent ce qui est au-dessus d'elle; 3° *aliénation* de l'esprit, où le souvenir des choses présentes se perd, et où l'âme est subitement transfigurée en un état supérieur et incompréhensible. On n'acquiert ce dernier degré qu'en sortant de soi-même (*excessus mentalis*), et en faisant abstraction de toute forme créée, de toute image sensible[14].

Cette théorie ne trouva pas encore d'écho du temps même de ses auteurs. Bien qu'ils n'aient pas méprisé la science humaine, et qu'ils se trouvent ainsi supérieurs à Bernard, leur tendance s'est perdue après la mort de Richard; la raison prédomina et gagna de jour en jour plus de terrain, malgré la polémique solitaire et irréfléchie du violent Gautier, dernier des chanoines de Saint-Victor dont on cite encore le nom [15]. Le mysticisme disparaît maintenant de la scène théologique où ne se livrent plus que les stériles débats de la dialectique la plus minutieuse. Mais s'il a l'air d'être banni pour quelque temps de la science, il se retrouve sous mille formes dans toute la vie de cette époque; partout nous en apercevons les vestiges et rien n'apparaît dans ces jours qui n'en participe de près ou de loin. La fin du dixième siècle déjà avait été marquée par les étranges rêveries des chiliastes; et si celles-ci se sont évanouies, le mysticisme n'en est pas moins demeuré dans l'Église et dans la société tout entière; il a frappé aux portes de toutes les sciences; il a introduit les ordalies dans la pratique judiciaire, il a envoyé l'alchimiste à la recherche du grand œuvre, et a découvert à l'astrologue les mystères du passé et de l'avenir. Le sentiment et l'imagination règnent en maîtres; personne n'ose contester leurs droits. Curieux spectacle d'une époque, où d'un côté la raison use ses forces dans les querelles les plus subtiles, et où de l'autre tout est sentimental et fantastique! La splendeur du culte public, les pompes mystérieuses de la messe, les fêtes allégoriques, en même temps que

14 Richardi de S. Victore *opera*. Rhotomagi, 1650, fol. Surtout *de praeparatione animi ad contempl.*, p. 114, etc., et *Libri V de gratia contempl.* p. 147, etc. — Tennemann, *Gesch. der Phil.*; Leipz., 1811, in-8°, t. VIII, 247, etc. — Schmid, 308, etc. — Liebner, 80, 348.

15 Liebner, 86. Son livre *contra quatuor labyrinthos Galliae*, est dirigé contre Abélard, Pierre Lombard, Pierre de Poitiers et Gilbert de la Porrée, qu'il attaque comme hérétiques et comme sophistes. Il n'est pas encore publié en entier; des fragmens s'en trouvent dans Bulæi *Hist. univ. Par.*: Par.; 1665; t. II.

l'ignorance des peuples, le despotisme des seigneurs, le nouvel ordre social commençant déjà à se dissoudre pour préparer l'avènement d'un ordre meilleur, tout cela favorise la tendance universelle au mysticisme. Tantôt il bâtit nos magnifiques cathédrales, et sculpte ces singulières figures où la beauté de la forme est sacrifiée à la divinité de l'idée; tantôt il fonde des couvens dans d'effroyables solitudes; tantôt il chante dans la poésie des troubadours, et exalte l'amoureuse hardiesse de la chevalerie; tantôt il pousse des nations entières vers le merveilleux Orient, où il leur ordonne de délivrer le tombeau du Seigneur. L'imagination des peuples est frappée de tous ces phénomènes, leur esprit s'agite dans de mystérieux pressentimens et dans de vagues rêveries. Le moyen âge est une nuit obscure, mais, comme on l'a dit avec raison, c'est une nuit où brillent de belles étoiles; et qu'aurait-il été si le mysticisme n'avait pas été là pour sauver du naufrage la foi si souvent prête à périr?

D'autres causes encore viennent s'ajouter à celles-ci pour expliquer le mysticisme de cette époque; notamment les calamités publiques, devenant de jour en jour plus menaçantes, et remplissant d'effroi les âmes touchées de ces misères. Ceux alors qui n'ont pas le courage de s'opposer ouvertement à l'esprit du siècle, parlent à leurs contemporains sous le voile d'allégories, au nom d'une mission supérieure, et leur racontent des visions terribles qui leur annoncent des malheurs plus grands encore. C'est ainsi que l'abbesse d'un couvent sur les bords du Rhin, Hildegard, vénérée par Bernard et son disciple le pape Eugène III, prédit la fin de l'anarchie et l'établissement d'une Église plus parfaite, après une nouvelle expiation [16]; c'est ainsi que parlent encore l'abbesse Élisabeth († 1165) [17], et l'Irlandais Malachias († 1148), l'ami de Bernard.

Mais quand à ce mysticisme s'allie une énergique activité, il de-

[16] Ses visions sont recueillies sous le titre de *Sciviae (Sciens vias)*; Col., 1566, t. III.

[17] *Revelationes S. virginum Hildegardis et Elisabethae*. Col., 1628; fol.

vient dangereux pour l'Église; de ce genre sont les égaremens fanatiques de Tanquelin d'Anvers (vers 1126), et d'Eudes de Bretagne; telles sont aussi, depuis le dixième siècle, les sectes hérétiques qui, parties de l'Orient, se séparent du catholicisme, et portent presque toutes un caractère plus ou moins mystique. Leurs doctrines, d'origine manichéenne et gnostique, leur enseignaient la mortification de la chair, le mépris du culte et des lois, ainsi que des spéculations dualistes ou panthéistes sur Dieu et le monde. Ce sont là du moins, autant que les relations partiales de leurs adversaires nous permettent d'en juger, les principaux dogmes de la plupart de ces sectes, qui, sans avoir de lien commun, dérivaient cependant de la même souche; nous ne citerons que les fameux mystiques d'Orléans (1017), ceux d'Arras (1025), de Turin (1030), et ceux de Goslar (1052). Ces sectes, pour le moment supprimées, se relèvent depuis le milieu du douzième siècle, sous le nom générique de Cathares (les *purs* par excellence). Dès cette époque elles remplissent tout l'Occident en combattant l'Église, jusqu'à ce que celle-ci les eût étouffées dans le sang et le feu. Elles se divisèrent en deux branches, dont l'une, celle des Albigeois, conserva la tendance manichéenne, et dont l'autre, celle des Vaudois, se rattacha plutôt à une espèce de rationalisme biblique, qui l'a fait subsister si long-temps, car, quand même l'Église n'eût pas exterminé les Albigeois, le progrès des lumières aurait fait oublier tôt ou tard leur système d'émanation et de dualisme[18].

C'est au milieu de ces mouvemens que s'ouvrit le treizième siècle, occupé tout entier de la longue lutte entre le sacerdoce et la maison des Hohenstauffen, lutte terrible dans laquelle l'un des adversaires fut abattu, sans que le vainqueur ait pu raffermir par là sa puissance chancelante. La religion resta indifférente à ces malheurs; la théo-

18 V. sur toutes ces sectes Schmid, 387, etc. — Fuesslin, *Kirchen- und Ketzerhistorie der mittlern Zeit*. 3 vol. Frankf. 1770, in-8°. — Flathe, *Gesch. der Vorlaeufer der Reform.* 2 vol. Leipz., 1836, in-8°.

logie continua à guerroyer avec les armes de la logique, et les docteurs, ne songeant qu'à leur grande chimère d'une alliance entre Augustin et Aristote, étaient sur le point de canoniser le philosophe païen. La véritable foi, et avec elle le mysticisme, s'étaient retirés de l'arène, quoiqu'on cherchât toujours le sens allégorique de la Bible et que l'on commentât Denis l'Aréopagite. Pourtant il y a un nom à citer dans ce siècle; c'est celui du docteur séraphique Bonaventure (né en 1221 et † 1274). Ce héros de l'Église romaine, dont Alexandre de Halès avait dit que le péché d'Adam n'avait pas d'effet sur son âme, fut le premier qui, dans le camp même de la scolastique, se leva comme défenseur du mysticisme. Il entra dans la voie ouverte par l'école de Saint-Victor, et essaya de nouveau de vivifier la science par la contemplation. Sa piété est intime et profonde, mais son esprit trop crédule se perd en allégories et en subtilités. Toute la nature, tant intellectuelle que matérielle, lui apparaît comme un miroir de l'Éternel; l'amour de Dieu est le but de toute créature, et l'universalité des choses est l'échelle pour y monter. Toutes les sciences doivent donc converger vers leur centre commun, la théologie révélée. Celle-ci nous apprend que notre félicité consiste dans la jouissance du Bien suprême; or ce Bien étant au-dessus de nous, il faut que nous sortions de nous-mêmes, pour passer à travers les différens degrés de la contemplation. Ici Bonaventure introduit alors la scolastique, et, confondant les deux points de vue, il développe six degrés de la contemplation, qui ne sont autre chose que les preuves métaphysiques ordinaires de l'existence de Dieu, réduites en intuitions immédiates[19].

L'influence de ce système n'a pas dû s'étendre bien loin, car il était encore trop subtil et trop scolastique, pour que le peuple ait pu le comprendre, et Aristote tenait les théologiens trop éloignés des

[19] Ses écrits *Itinerarium mentis ad Deum*, et *Tract. de 7 gradibus contempl.*, *in Tractat. div.* S. Bonaventuræ. Col., 1486, fol. f. XCVI et f. CCCXVII, etc. — Tiedemann, *Geist der spec. Phil.* IV, 448, etc. — Tennemann, 534, etc.

régions surnaturelles du mysticisme. Toutefois il n'a pas pu empêcher le comte d'Aquin, Thomas (né 1224 † 1274), que les contemporains ont appelé dans leur étonnement, le docteur angélique et universel, de jeter un regard dans les sphères mystiques, et de pénétrer par la contemplation dans les profondeurs de la science. Le grand dominicain, véritable Aristote de l'Église, restait souvent pendant des heures entières absorbé dans la méditation, au point que ses amis l'ont nommé le bœuf muet de la Sicile, et que la vénération populaire a cru le voir quelquefois, devant les autels, comme retenu par une main invisible à quelques pieds au-dessus de la terre. L'alliance d'Aristote, de Platon et d'Augustin a été l'unique but de ses spéculations, dans lesquelles cependant la scolastique prédomine sans cesse[20].

Ce sont là les deux seuls noms, dans le treizième siècle, dont se souvienne l'histoire du mysticisme. Le courant mystique se perd de nouveau pour quelque temps, et ne se découvre à peine que dans les sectes hérétiques. Dans le siècle suivant, il reparaîtra avec une force prodigieuse, et débordera de toutes parts sur le peuple et sur l'Église. Aussi y a-t-il peu d'époques dans l'histoire, qui eussent présenté au mysticisme un terrain plus favorable; il aime à parcourir un sol agité et bouleversé; quand tout se dissout, il s'infiltre au loin pour rallier encore çà et là quelques élémens homogènes.

Les événemens du treizième siècle avaient porté leurs fruits de malheur; les Guelfes et les Gibelins déchiraient l'Italie; dans l'Allemagne, à peine guérie de ses blessures par Rodolphe de Habsbourg et son fils Albert, tout se divise et s'isole, les princes, les nobles, les villes; les Suisses descendent de leurs montagnes et chassent les étrangers; la France est attaquée par l'Angleterre; les fondemens de la puissance spirituelle elle-même sont sapés de toutes parts, comme si Dieu avait voulu la punir de son orgueilleuse ambition. Après les

20 Tiedemann, 474, etc.

démêlés de l'inflexible Boniface VIII avec Philippe-le-Bel, la papauté fut obligée de se courber sous le joug de la France, et Avignon devint la Babylone de sa longue captivité. Bien que d'une main affaiblie elle lançât encore des bulles contre ses ennemis, qu'elle brûlât les Templiers, et qu'elle excommuniât les empereurs et les sectes, elle n'en tomba pas moins dans un triste état de soumission et de servitude. Les savans ouvrirent les premiers les yeux sur l'autorité du souverain pontife, et défendirent contre lui les rois qu'il attaquait. Mais de quelle utilité cela était-il pour le pauvre peuple, qui croyait encore à la sainteté de son pape? Il souffrait non-seulement des guerres royales et impériales, mais c'est lui aussi qu'est venu frapper l'interdit, quand Jean XXII excommunia Louis de Bavière et toutes les villes de son parti; c'est lui surtout qui a fourni ses innombrables victimes à la mort noire qui, sortie du fond de l'Asie, s'est promenée sur l'Europe, en semant sa route de milliers de cadavres. Les auteurs contemporains écrivent sous l'impression d'une immense terreur, quand ils parlent de cette effrayante mortalité; échos du peuple, dont l'imagination troublée par les malheurs réels, y ajoutait encore des maux inventés, ils peignent fidèlement l'angoisse dans laquelle le monde était plongé. « Dans différens lieux, disent-ils, il y eut de vastes tremblemens de terre; les hommes s'enfuirent dans les forêts et n'osèrent plus rentrer dans les villes. Et il y eut des guerres, et des pestes, et des famines; çà et là la terre vomit une eau jaunâtre et infecte, qui renversa des châteaux et des villes. Les hérésies et les sectes augmentaient ces malheurs, l'arrogance et l'iniquité dominaient partout, et le peuple était extraordinairement frivole et avide de nouveautés[21]. » « Et, ajoute un autre, ceux qui philosophaient, quoiqu'ils fissent beaucoup de paroles, ne trouvaient d'autre raison à ces maux, que la suprême volonté de Dieu[22]. »

21 Werner Rolewink, *Fasciculus temporum*, dans Pistorii *Germanici scriptores*, Francf., 1584, fol. t. II, 85.

22 Alberti Argentin. *Chronicon;* dans Urstisii *Germaniae script.* Francf., 1585, fol. t. II,

Partout la même anarchie, la même dissolution ; le clergé dégénère de plus en plus ; les évêques font la guerre à leurs vassaux, ou aux bourgeois de leurs diocèses ; l'immoralité des ecclésiastiques est telle, qu'en plusieurs localités ils achètent à prix d'argent le droit d'avoir des concubines ; les ordres mendians se maudissent entre eux, et se disputent avec les universités, seuls foyers de lumière et d'indépendance. La scolastique n'est plus qu'un vaste champ de bataille, où Nominalistes et Réalistes, Scotistes et Thomistes, se livrent des combats plus acharnés que jamais, et où les deux partis ne s'unissent en silence que pour tuer toute foi et tout sentiment. La merveilleuse alliance entre Aristote et Augustin étant consommée, la dialectique revint sur cette œuvre pour aller de nouveau à la découverte des différences entre les deux philosophes. Elle ne rapporta de cette expédition qu'un amas de questions hardies et de minutieuses subtilités, toutes résolues en faveur de l'Église. La scolastique dégénéra ainsi en vaine polémique, et effaça les dernières traces qu'elle avait encore gardées d'un besoin religieux. La réaction de la part de ce dernier devait donc nécessairement se prononcer avec une nouvelle énergie, et cette cause à elle seule suffirait déjà pour expliquer la forte tendance mystique du quatorzième siècle. Mais cette tendance a encore des racines plus profondes dans l'anarchie morale et sociale que nous venons d'esquisser, et surtout dans ces grandes calamités qui avaient rempli les âmes de terreur, et que les *philosophantes* eux-mêmes ne pouvaient plus expliquer.

On conçoit l'effet que tout cela a dû produire sur les hommes supérieurs. Dans ce siècle ils sont tous plus ou moins mystiques ; au milieu du tumulte général, ils se retiraient en eux-mêmes, pour

147 : « *Nec curam habebant parentes de filiis, nec e contra, nec socii sociorum, nec famuli dominorum, quod domus cum omni supellectile vacuæ fuerunt, quas nullus ingredi audebat. Horror est scribere vel narrare ; nulla fuit ibi causarum agitatio. Papa inclusus cameræ habenti ignes magnos continue nulli dabat accessum ; terrasque hæc pestis transibat ; nec poterant philosophantes, quamvis multa dicerent, certam de his dicere rationem, nisi quod Dei esset voluntas....* »

chercher la paix bannie du monde. Les uns expriment leurs plaintes dans d'impérissables poésies, comme Dante et Pétrarque ; ce dernier écrit même un livre sur la vie solitaire ; les autres prêchent la pénitence, et attirent par leur puissant appel le peuple, chez lequel l'enthousiasme religieux qui avait bâti les cathédrales et enfanté les croisades, n'était pas encore tout-à-fait éteint. Ces hommes, poussés par le besoin de la spéculation, mais profondément dégoûtés de la scolastique, cherchèrent leur salut dans la contemplation et dans l'éloignement de la société corrompue. Mais, touchés des misères du peuple, ils ne l'abandonnèrent point, et tâchèrent de lui communiquer leur paix, en s'élevant en même temps contre les vices et les passions dont il était opprimé[23]. C'est ainsi que s'explique la tendance morale des mystiques de cette époque. Dans leur mépris pour la scolastique, il se créent leur propre métaphysique et leur propre psychologie ; leur mysticisme est tout intérieur et contemplatif, dédaignant tout secours de la dialectique d'Aristote ; ils veulent ramener la théologie à l'intimité de la foi, et les croyans à la liberté spirituelle de l'Évangile, en les affranchissant de toute servitude intérieure et extérieure. Pour se rendre accessibles au peuple, ils ne parlent plus latin, comme dans les siècles précédens, mais ils s'adressent à lui dans ses propres idiomes, et exercent de cette manière une influence étonnante.

Ce mysticisme du quatorzième siècle s'est développé dans trois directions. Chez les uns, surtout chez plusieurs femmes exaltées, il a parlé par des visions et des prophéties ; telles furent la princesse suédoise Brigitte († 1373 à Rome), et l'ardente Catherine, fille d'un teinturier de Sienne († 1380)[24]. Chez d'autres, il est devenu fanatique, en poussant, à travers l'Europe, les troupes des Flagellans ; et sectaire, en s'alliant avec les restes des Manichéens, et en combattant l'Église par les sectes déjà anciennes des Beghards et des Frères du

23 Gœrres, *Einleit. zu Suso*. XXXIX, etc.
24 Schrœckh, XXXIII, 189, 399, etc.

libre-esprit. Les véritables mystiques enfin, ceux qui se sont livrés à une silencieuse contemplation, se divisent eux-mêmes en deux branches, qui cependant se mêlent assez souvent : les uns se fondant sur Denis l'Aréopagite, Scot Érigène et les néo-platoniciens, s'adonnent à de profondes spéculations, et réduisent le mysticisme à un petit nombre de propositions fondamentales, surtout à l'antithèse du fini et de l'infini, et au rétablissement de l'harmonie par l'union avec Dieu et l'abnégation du moi. Les autres sont plus bibliques et moins spéculatifs, et leur tendance toute pratique, mieux comprise du peuple, produit par cette raison des effets plus durables[25]. Nous ne nous occuperons dans notre travail que de ces deux dernières classes, en laissant de côté les sectes et les femmes prophétiques, et en tâchant de faire connaître l'individualité et les vues originales des principaux auteurs mystiques de cette époque.

CHAPITRE II.

Maître Eckart.

Sur les bords du Rhin, autour des merveilleuses cathédrales de Strasbourg et de Cologne, sont écloses, dans le quatorzième siècle, les plus brillantes fleurs du mysticisme. Ces contrées ont été, pendant tout le moyen âge, la patrie d'une riche poésie et d'un ardent enthousiasme religieux. Dans les premières années du siècle qui nous occupe, elles étaient le théâtre de la persécution et de la résistance de plusieurs sectes hérétiques, qui avaient conservé le dépôt de la foi, bien que défiguré par un panthéisme mystique. Parmi ces Frères du libre-esprit se trouvaient des hommes savans et illustres, attirés par la sévérité de leurs mœurs et leur zèle pour la religion[1].

[25] Hase, *Kirchengeschichte*. Leipz., 1834, in-8°, p. 352.
[1] Mosheim, *Instit. hist. eccles. antiq. et recent.* Helmst., 1764, in-4°, p. 525.

Au milieu d'eux apparaît la curieuse figure d'un homme, condamné par les uns comme blasphémateur[2], et appelé par d'autres docteur incomparable, supérieur à tout éloge, dont les mœurs et les croyances étaient également pures[3]. C'est Eckart, le dominicain. Sa vie est presque ignorée; il était né dans la Saxe, et avait enseigné pendant quelque temps dans le collége de Saint-Jacques, à Paris. Lors des querelles entre Boniface VIII et Philippe-le-Bel, le pape l'appela à Rome et lui conféra le grade de docteur. La renommée de son érudition se répandit au loin; il fut élu provincial de la Saxe, et confirmé dans cette dignité par le couvent de son ordre, rassemblé à Toulouse en 1304. Trois années après, il fut nommé vicaire général de la Bohême, avec la faculté d'introduire toutes les réformes qu'il jugerait convenables. Depuis ce temps, où il est entouré de la vénération de l'Église, il disparaît de l'histoire, pour ne plus se montrer que sous le coup d'une excommunication; car il avait prêché, à Cologne, des doctrines réprouvées par l'Église et semblables à celles des sectes hérétiques. Ses opinions, autant que nous pouvons nous en rendre compte par le peu de documens qui le citent, sont évidemment conformes à plusieurs de celles des Beghards, et font en quelque sorte la transition de ceux-ci à Tauler[4]. Mais s'il les a prises en partie dans le panthéisme de ces sectaires, son esprit subtil et sa brûlante imagination les ont modifiées et complétées, de manière à former un mysticisme qui s'égare dans les régions les plus ardues, et qui dans son expression touche de bien près au blasphème et à l'impiété. Voici ce que nous avons pu rassembler sur cette étrange doctrine :

Dieu seul existe réellement; tout est en lui et par lui; les créatures

[2] Raynaldus, *Contin. annal. Baronii*. Col., 1694, fol., t. XV, p. 000. « *E. blasphemus....* » — Nat. Alexander, *Selecta hist. eccles. capita. Saec. XIII et XIV*. Par., 1686, in-8°. P. I, 389

[3] Quétif et Echard, *Scriptores ordinis Praedicat.* Par., 1719, fol., t. I, 507 : « *Vir moribus et scientia probatissimus, omni laude superior.... Vita purissimus, expeditus doctor ecclesiæ, suo tempore incomparabilis, eruditione, fide, conversatione et moribus insignis.* »

[4] Hase, 375. — Gieseler, *Kirchengeschichte*. Bonn, 1829, in-8°, t. II, P. 3, p. 267.

ne sont rien en elles-mêmes ; elles ont leurs idéaux éternels en Dieu, dans lequel il n'y a ni diversité ni modalité ; il est au-dessus de tout nombre ; son nom est inconnu, quoique toutes les créatures essaient de le bégayer. Puisque lui seul est tout, le monde est éternel et nécessaire ; et lui seul étant la cause de nos actions, il est glorifié même par ce qui est mal, par le sacrilége et le péché[5]. Dans notre âme, il est quelque chose d'aussi grand et d'aussi noble que Dieu, quelque chose d'incréé et d'*incréable*, savoir : l'intelligence, étincelle de la lumière infinie[6]. Dans cette étincelle, l'âme est une avec Dieu ; Dieu s'y aime lui-même, et y jouit de sa félicité. C'est donc là que nous devons le chercher, en lui-même présent en nous, et non pas hors de nous, dans les créatures qui ne sont qu'ombres et ténèbres. Pour le trouver et pour s'unir avec lui, il faut l'attendre, souffrir son opération, et mettre tout son bonheur dans cette passive attente[7]. Les œuvres extérieures ne sont d'aucune utilité ; l'union avec Dieu ne s'achète pas ; il ne veut pas des mercenaires, il n'aime que l'âme qui se donne librement à lui. Son amour pour les hommes est tel, qu'il fait dépendre toute sa divinité de leur salut. Pour cela il ne demande aussi que de l'amour, c'est-à-dire un dévoûment absolu, un renoncement complet à tout ce qui tient de la terre, une abnégation de la volonté, telle que s'il nous ordonnait de pécher, nous pécherions même avec joie. Alors l'âme est transformée et convertie en Dieu, comme dans l'Eucharistie le pain est transsubstantié dans le corps de Jésus-Christ[8]. Dans cet état de déiformité ou d'union avec la lu-

[5] Raynaldus, l. c. art. 4 de la bulle qui condamne E. « *In omni opere, etiam malo, manifestatur gloria Dei.* » Art. 6. « *Deus ipsa blasphemia laudatur.* »

[6] Docen, *Miscellaneen zur Gesch. der teutschen Liter.* Mun., 1809, in-8°, t. I, 143. Eckart prétend « *daz Ainz ist in der Sel, daz so hoch und so edel sei, also als Got, sunder alle Namen...., daz die Sel in dem Teil sei ein Funken gotlichr Natur....* » — Art. 27 : « *Aliquid est in anima quod est increatum et increabile, scil. intellectus.* »

[7] Docen, 142. « *....Darumb spricht Meister Ekkart, daz Selickeit lige an Gotz liden, daran daz man Got lide, daran, daz man sich mit Got vereine....* »

[8] Art. 10. « *Unum fimus non simile.* »

mière éternelle, l'âme est déchargée de ses péchés et exemptée du purgatoire; car la bonté divine est si grande, que les péchés de tous les hommes s'y perdent, comme une goutte qui tomberait dans un océan. Toutes les puissances de l'âme sont exaltées et transfigurées; le sens intérieur devient raison; celle-ci, auparavant réduite à chercher Dieu, est changée en intelligence, qui ne cherche plus, qui arrive à l'idée de l'Être simple, qui est une lumière en elle-même et qui sera Dieu en Dieu éternellement.

De pareilles spéculations, revêtues d'allégories et de figures, et prêchées avec une éloquence mystique toute particulière, n'étaient comprises de personne, et les plus savans docteurs même n'y voyaient que d'abominables hérésies[9]; et pourtant elles ne diffèrent pas tant de celles qui, peu d'années plus tard, seront enseignées par Tauler et ses amis, sans que l'Église s'en effrayât. Elles étaient certes dangereuses pour les intelligences ordinaires, qui ne pouvaient voler aussi haut que maître Eckart sans être frappées de vertige; elles étaient plutôt les fruits des rêveries d'une âme dévorée par l'amour pour Dieu, et nourrie d'Augustin, de Denis l'Aréopagite et de Scot Érigène, que des méditations d'un esprit libre et éclairé[10]; mais nous y reconnaîtrons aussi les tendances spiritualistes d'un génie supérieur, voulant ramener à Dieu ses contemporains égarés; et surtout nous y découvrirons l'idée réformatrice qui, bien que vague encore et voilée sous des formes mystiques, attaquait déjà le mérite des bonnes œuvres, et proclamait la justification par la foi. C'est en partie peut-être cette idée qui a valu à Eckart les persécutions de l'Église. Cet homme, « d'un grand nom et d'une piété universelle-

9 Taul., *Pred.*, CCXLII, 8.... « *Meister Eckart..., der ein fuertreffenlich hochgelerter Man gewesen ist, und in subtilikeyten natürlicher und gottlicher Kunsten so hoch bericht, das vil gelerter leut zu seinen zeitten jn nit wol verstanden. Deszhalb seiner ler ein teyl auch in ettlichen Stücken und artickeln verworffen ist und noth von einfæltigen menschen gewarsamlich gelesen werden sol.* »

10 Hase, 375: « *Sein Gefühl der Gottesnæhe und seine heilige Liebesgluth steht gleichsam schwindelnd vor einem Abgrunde der Sinnenlust und der Gotteslæsterung.* » Quétif et Echard, *l. c.* « *Censendus est abreptus esse in eos errores sanctioris vitæ desiderio immodico ac non sobrio.* »

ment reconnue, » fut cité devant l'archevêque Henri de Cologne, qui dans ce temps sévissait contre les Beghards[11]. Henri le condamna comme hérétique; mais le prédicateur refusant de se soumettre à cette sentence, et continuant de prêcher, l'affaire fut portée devant Jean XXII, à Avignon. En 1329 ce pape publia contre lui une bulle dans laquelle il frappa d'anathème plusieurs de ses opinions, et en défendit d'autres comme mal sonnantes, téméraires et suspectes d'hérésie[12]. Quelques-unes des propositions citées dans la bulle sont mot à mot les mêmes que celles qui, l'année suivante, furent condamnées comme doctrine des Beghards[13].

Les livres d'Eckart furent défendus et supprimés; l'archevêque de Cologne parvint sans doute à les faire disparaître entièrement. Malgré toute la peine que nous nous sommes donnée pour les trouver, nous ignorons si les ouvrages cités par Trittenheim existent encore quelque part[14]; il y a quelques fragmens d'Eckart dans les opuscules de Tauler; nous en avons pris, pour l'exposition de la doctrine d'Eckart, ce qui était conforme avec les propositions énoncées dans la bulle de Jean XXII. Il est douteux qu'il soit l'auteur du livre alle-

[11] Mosheim, *de Beghardis et Beghuinabus*. Lips., 1790, in-8°, 281.

[12] Raynaldus, 389. — Nat. Alex., 389.

[13] Mosheim, *de Begh.*, 282, 284.

[14] *De eccles. script.* Cap. DXXXVII. chez Fabricius, *Bibl. eccles.* Hamb., 1718, fol. 130. Ce sont des commentaires sur les sentences de Lombard, sur quelques livres de la Bible, des Sermons, etc. A l'édition des Sermons de Tauler de 1522, sont ajoutés depuis le feuillet CCXLII quelques „*gar subtil und trefflich kœstlich predigen etlichen vast gelerter andechtiger vetter und lerern ,..... insonders meister Eckarts....*" Cependant, à l'exception de deux ou trois, il est difficile de distinguer lesquels de ces sermons sont d'Eckart. Le manuscript *Meister Ekehardis bredien*, cité par Oberlin, *de Tauleri dictione, etc.*, Arg., 1786, in-4°, p. 8, nous est inconnu. Dans les *opuscula Tauleri*, publiés par Surius, se trouvent sous son nom, p. 228 : *notabiles aliquot institutiones*; p. 389, *de 12 magnis ac ineffabil. donis atq. gratiis quas divina clementia digne communicantibus largitur*; et p. 470 : *Convivium magistri Ekardi*, dialogue entre Eckart, un mendiant et une dame de Cologne, écrit par un autre. Le fragment très-remarquable : *Von der wirklichen u. moeglichen Vernunft*, chez Docen, *l. c.* nous paraît être de Tauler. La profonde métaphysique mystique qui y est exposée, se rapproche tout-à-fait de la sienne; il se sert aussi fort souvent des mêmes expressions.

mand de la secte des Beghards, intitulé *Des neuf rochers spirituels*, quoique les extraits qu'en cite Mosheim soient parfaitement d'accord avec sa doctrine [15].

Eckart mourut avant 1329; dans la bulle il est dit qu'avant sa mort il révoqua encore ses erreurs. Que ce fait soit exact ou non, les doctrines de maître Eckart se sont long-temps conservées en secret, et un siècle plus tard, en 1430, les théologiens de Heidelberg les condamnèrent de nouveau [16]. Les mystiques suivans y ont puisé beaucoup de leurs théories. Tauler surtout, qui sans doute l'a connu personnellement à Cologne, a pris de lui plusieurs de ses opinions, et le cite fort souvent dans ses ouvrages.

CHAPITRE III.

Jean Tauler, le docteur illuminé [1].

«Dans l'année 1340 il arriva qu'un maître de l'Écriture-Sainte prêchait beaucoup dans une ville, qu'on aimait à l'entendre, et

15 Mosheim, *l. c.*, 376 et sq. — Gieseler, 268.

16 Trithemius, *l. c.*

1 V. sur sa vie : *Historia und Leben des erwurdigen doctors Joannis Tauleri*, dans *Tauler's Predigten*, Bas., 1522, fol. On a cru que Tauler lui-même était l'auteur de cette biographie, qui n'est au fond qu'une histoire de sa conversion. — J. J. Oberlin (J. Beck) *de J. Tauleri dictione vernacula et mystica*. Arg. 1785, in-4°. — Baile, *Dictionn.* Bâle, 1741, fol. t. IV, 326. — Heupel (Argentor.), *Memoria Tauleri instaurata*. Witt. 1688, in-4° (de peu d'importance). — Le présent chapitre sur Tauler est loin d'être complet; les bornes que nous nous étions prescrites pour le plan général de notre dissertation, ne nous ont pas permis de donner à cet article un plus grand développement. Tauler n'est pas encore connu et apprécié comme il le mérite; il est, à notre avis, un des hommes les plus remarquables du moyen âge; celui qui entreprendrait sur lui un travail consciencieux et spécial, remplirait un devoir sacré envers le monde savant.

que dans toute la contrée on parlait de sa doctrine[2]. Ce prédicateur s'appelait Jean Tauler, de l'ordre des dominicains, homme doux et bienveillant, et ayant connaissance de la Bible et des philosophes. On ignore l'année de sa naissance, et les deux villes de Strasbourg et de Cologne se disputent l'honneur de lui avoir donné le jour. Sans doute il a été le fils de Nicolas Tauler, sénateur strasbourgeois, qui lui fit donner une éducation scientifique[3]. On dit qu'il a passé plusieurs années de sa jeunesse à Paris; en 1336 nous le revoyons à Strasbourg[4], et quatre ans plus tard il étonne la ville de Cologne par sa prédication. C'est alors qu'un laïque inconnu, se disant poussé par l'esprit divin, quitta sa ville éloignée de trente lieues de Cologne, pour venir entendre le maître tant renommé. Bientôt l'étranger s'aperçut que Tauler n'avait pas encore reçu l'illumination mystique, et résolut de le convertir. Il l'aborda et le conjura d'enseigner à ses auditeurs le but le plus élevé où l'homme pût atteindre dans cette vie. Tauler objecta d'abord que personne ne le comprendrait, mais se rendit à la fin aux instances pressantes du laïque. Trois jours après, il prêcha déjà qu'il fallait mourir au monde pour se donner à Dieu, et que les parfaits sont ceux qui s'abandonnent à lui d'une manière passive, et qui dégagent leur esprit de toute forme et de toute image[5]. Par la seule influence du laïque nous ne comprendrions pas cette conversion subite du puissant prédicateur; nous croyons plutôt que son âme était déjà disposée au mysticisme, auquel l'avait préparée une étude continue d'Augustin, de Denis de l'Aréopage, des chanoines de Saint-Victor, et même des néo-platoniciens, qu'il cite fort souvent dans ses sermons. Cependant le laïque ne se montra pas encore satisfait; il reprocha à

2 *Historia und Leben*, etc.

3 Oberlin, 1.

4 Quétif et Echard, I, 677 et 678.

5 *Hist.* „.... *welche da seyen die rechten, waren, vernuenfftigen, erluechten, schouwenden menschen....*"

Tauler d'être encore sous le pouvoir de la lettre qui tue, et de ne pas avoir goûté toutes les douceurs de l'esprit[6].

Depuis ce moment, Tauler, frappé de ces paroles, se soumit humblement aux leçons de l'étranger, qui, après de fréquens entretiens, parvint à le faire triompher de lui-même. Il l'initia dans tous les secrets de la vie mystique, et lui imposa des privations et des mortifications qui lui causèrent de cruels tourmens intérieurs. Le genre de vie que Tauler mena dès-lors, la solitude dans laquelle il se retira, éloignèrent de lui la plupart de ces anciens amis, et lui attirèrent le mépris des moines de son couvent. Profondément affligé de cet abandon, et souffrant d'une maladie par suite de ses combats spirituels, il eut recours au mystérieux étranger, qui le consola, lui donna des médicamens et de l'argent pour qu'il n'eût pas besoin de vendre ses livres, et lui permit de reprendre une meilleure nourriture. Il languit ainsi pendant deux ans, jusqu'à ce que dans une vision il reçut l'ordre de prêcher de nouveau. La population de Cologne reçut cette nouvelle avec joie, et s'assembla en foule autour de sa chaire. Le maître voyant tout ce monde, se mit à prier; mais au milieu de sa prière, il se prit à pleurer si amèrement, que pas une parole ne put sortir de sa bouche. « Et cela dura si long-temps que le peuple s'en fâcha, et qu'une voix s'écria : Maître, jusqu'à quand devons-nous attendre? il se fait tard, et si vous ne voulez pas prêcher, laissez-nous partir. » Tauler, s'efforçant en vain de vaincre ses larmes, renvoya la foule; le bruit de cet étrange événement se répandit dans la ville, le prédicateur devint l'objet de la risée générale, et on se disait : « Nous voyons bien à présent qu'il est devenu fou, et qu'il a perdu la tête. » Les moines de son couvent lui défen-

6 *Ib.* « .... *In dem leben als ir noch seit, so wisst dasz ir noch nit liechtes habt, und seit in der nacht, darin ir den Buchstaben wol mæget erkennen. Aber der suessigkeit des heiligen Geists habt ir noch nit geschmackt, darzu so seynd ir noch eyn phariseus. Do sprach der meister, lieber sun, du solt wissen dasz ich so alt worden bin, das mir nye wurde soliche red zugesprochen* » .....

dirent avec colère de prêcher de nouveau [7]. Dans cette perplexité il s'adresse à son seul ami, le laïque, qui l'encourage en lui disant que sans doute il avait encore en lui, à son propre insu, un reste d'orgueil qu'il fallait vaincre. Peu de jours après, il enseigne en latin dans l'école du couvent, à la grande satisfaction des frères, qui lui permirent alors de prêcher. Dès le lendemain il fait un sermon dans l'église d'un couvent de nonnes, et l'impression qu'il produit est si profonde que plusieurs de ses auditeurs tombent à terre comme frappés de mort. C'est ainsi que pendant huit ans il fut la lumière du pays, en ranimant la foi endormie dans les cœurs, et en punissant par ses paroles les vices des populations. La ville et la campagne l'aimaient et le vénéraient ; dans toutes les affaires on s'adressait à lui, et on se soumettait avec obéissance à ses conseils [8]. La renommée de l'éloquent prédicateur, qui, par la mystique obscurité de ses sermons, ne fit que redoubler son influence, se répandit le long du Rhin ; dans ces temps du trouble, le peuple se sentait attiré vers chacun qui lui montrait le port de salut ailleurs que sur la terre. Les visions de la nonne Christine Ebner, qui avait vu son nom écrit dans le ciel [9],

[7] Ib. „*Er liesz verkuenden er wœlt darnach an dem dritten tag predigen, das nam die leut gross wunder, dieweyl das er so lang nit geprediget het, und vill Leut kamen dar, ein gar grosse schare. Do nun der meister kam, und sahe das dess volkes also vill was, do steig er auff das lectorium an eyn hohe statt das man jn dessen basz gehoret. Do thet er sein kappen fuer sein augen... Das werte also lang das es die leut gar seer verdrosz. Do sprach ein Mensch ausz dem hauffen, Herr wie lang sollend wir hie steen und sitzen? es ist gar spat, wœlt ir nit predigen, so lasset uns heym geen.... Do giengen die leut hinweg, und die meer wurde auszgesprochen, und erschallen über die gantzen statt, und er ward recht zu gespœtt und von allen leuten vernichtiget, und die leut sprachen: nun sehen wir alle woll das er ein rechter thor ist worden. Und sein eigen brueder in dem Kloster verbotten im hertlich, das er nit mer predigen solt. Wann er thet in grossen Schaden in dem Kloster, und schendet den orden mit seiner thorlichen weisz die er het an sich genommen, darvon wer im das haubt wuest worden und vertobet, sprachen sy all wider jn...*"

[8] Ib. „.... *Er ward in dem land also lieb und werd und auch in der stat, was die leut zu schicken hetten, das muesst er allzumal uszrichten mit seiner weiszheit. Es wer geistlich oder weltliche sach, und was er jn riedt desz waren sy im williglichen und gantz gehorsam....*»

[9] Heumann, *Opuscula de variis juris germanici, etc., argum.* Nor., 1747, in-4°, p. 347, et 344, où Dieu lui dit : „*Dasz Tauler ihm der liebst Mensch wœr, den er auf Ertreich hætt.*"

et l'amitié du docteur Ruysbroek, qu'il alla plusieurs fois visiter, augmentèrent encore la vénération que la foule lui portait.

Probablement il resta jusqu'en 1346 ou 1347 à Cologne, et revint alors à Strasbourg; car outre le voyage qu'avant 1351 il fit de Strasbourg à Bâle avec Henri de Nœrdlingen[10], nous avons encore des preuves plus sûres de son séjour dans sa ville natale à cette époque. L'excommunication de Louis de Bavière pesait encore sur Strasbourg, que la mort noire venait de visiter cruellement; elle lui avait enlevé 16,000 de ses habitans. Il était défendu aux prêtres d'administrer le culte, et de porter le viatique aux malades qu'ils devaient laisser mourir sans consolation. Ces maux avaient profondément ébranlé les esprits. Les dominicains avaient continué à faire le service des églises; mais à la fin ils se soumirent également au pape, et suspendirent leurs fonctions; le magistrat leur ordonna de continuer ou de sortir de la ville; ils prirent ce dernier parti[11]. Cependant quelques hommes, pleins de courage et de piété, étaient restés et avaient publié un écrit, adressé à tous les prêtres, pour les inviter à assister les mourans, puisque dans la grande peste les innocens périssaient aussi bien que les coupables. A la tête de ces hommes était Tauler, assisté de Ludolphe le Saxon, prieur de chartreux, et de Thomas de Strasbourg, savant moine augustin[12]. Et comme ils prêchaient contre l'excommunication, dont était frappé le pauvre peuple dans les querelles des grands, et dont lui seul avait à souffrir, ils furent excom-

[10] *Ib.* 395.

[11] Kœnigshofen, *elssaesische Chronik.* Strasb., 1698, in-4°, p. 129: „.... *Die Brediger und Barfusser zu Strasburg die sungent vil jor; .... hünden noch liessent die Brediger abe und ecoltent ouch nyme. Do sprochent die Herren von Strosburg. Sit das sü hetten vor gesungen do soltent sü auch für bas singen, oder aber us der Statt springen. Do zugent die Brediger us der Statt....*"

[12] Ludolf, † 1377, avait été confesseur d'un cardinal, et a écrit *Vita J. C.* Arg., 1483, dans laquelle (surtout chap. 68) il censure avec énergie l'avarice et la luxure des prêtres. — Wimpheling, *Catal. episcop. Argent.* Arg. 1660, in-4°, p. 85. —Rœhrich, *Gesch. der Ref. im Elsass.* Str. 1830, in-8°, t. I, 27.—Thomas de Argentina, doctor Parisiensis, † 1357, comme prieur général de son ordre; auteur d'un commentaire *in magistrum sentent.* Arg. 1490. fol. Il était réaliste. Wimpheling, *l. c.*, p. 70, l'appelle, „*laus patriæ nostræ et ordinis sempiterna.*"

muniés eux-mêmes, et leurs livres défendus aux clercs comme aux laïques. L'évêque Berthold et Bucheck les ayant fait sortir de la ville, ils se refugièrent dans la chartreuse voisine, d'où ils publièrent plusieurs écrits pour éclairer de nouveau le peuple. Lorsqu'en 1349 l'empereur Charles IV vint à Strasbourg avec l'évêqne de Bamberg, il les interrogea et voulut entendre leur défense. Ils prononcèrent alors des paroles remarquables par leur hardiesse protestante : Jésus-Christ, dirent-ils, a expié par sa mort les péchés de tous les hommes; le ciel ne peut donc pas être fermé par le pape à ceux qui sont injustement excommuniés, et tout prêtre est tenu de leur donner l'absolution; la puissance spirituelle est distincte de la puissance temporelle; quand cette dernière commet des péchés, l'Église n'a d'autre droit que celui de lui en faire d'humbles remontrances. Le peuple ne doit pas être puni pour les crimes des grands, et c'est une injustice que de condamner le sujet innocent avec le prince coupable. D'ailleurs si l'empereur gouverne mal, il en rendra compte à Dieu, et non pas au pape. Tous ceux enfin qui croient à la vérité de l'Évangile, et qui ne pèchent que contre la personne du pape, en refusant de lui baiser les pieds, ne méritent pas encore le nom d'hérétiques; il ne faut appeler ainsi que ceux qui agissent contre la parole de Dieu, et qui s'obstinent dans leur impiété.

On dit que l'empereur lui-même fut convaincu de la vérité de ces paroles, et qu'il leur enjoignit seulement de se modérer, et de révoquer par écrit leurs erreurs contre l'autorité papale. Mais ils n'en continuèrent pas moins à écrire et à prêcher les mêmes doctrines, soutenus qu'ils étaient par la population et le magistrat de la ville[13].

[13] Dan. Speckle (*Archit. Argent.*, † 1589), *collectanea in usum chronici Arg.* MS. T. I, fol. 230 et sq. Ils avaient écrit : « ..... *Dasz die Priester die Kranken træsten sollten und das bytter Leiden und Sterben Christi, welcher nit allein ir, sunder der ganzen Welt Sünde hætt gegen Gott ein Genuegen gethan, welcher den Himmel geœffent, und uns alle vor Gott vertritt, und kunt der Papst den Himmel vor einem, so unschuldig im Ban war, nit zuschlieszen..... Dasz zweierlei Schwertter wæren, ein geistliches welches wære Gottes Wort, das andere die weltlich Oberkeit, und hætte keins mit dem andern zu thun..... Dasz es nicht gebuehre einem christlichen Hirten, wenn*

Tauler surtout se montra ce qu'il avait été à Cologne, prédicateur éloquent et profond, nourrissant le vague sentiment de ses auditeurs, les consolant après les grandes calamités dont ils venaient d'être frappés, et les attirant par le mystique éclat de ses paroles. En même temps il s'éleva de toutes ses forces contre la corruption des moines et du clergé, de telle sorte qu'un jour on lui interdit sa chaire. Mais aussitôt le magistrat la lui fit rendre, en déclarant qu'il avait raison de dévoiler les scandales, et de prêcher contre les vices tant des moines que de tous les citoyens, sans épargner même les magistrats[14]. C'est là le seul trait qui nous soit connu du reste de sa vie; pendant douze ans il prêcha encore dans l'église des dominicains, jusqu'à ce qu'il mourut, le 16 juin 1361, entre les bras de sa sœur, nonne à Saint-Nicolas *in undis*[15]. La pierre tumulaire du vénérable docteur se voit encore dans le temple dont les voûtes avaient si souvent retenti de ses éloquentes paroles[16].

einer des Ban schuldig, dasz man unschuldige arme Leutt, die etwan den schuldigen nit kennen noch gesehn haben, ja ganze Lænder, Stætt, Dærfer, alles ohn Unterscheyd verbanne und verdamme, welches von Christo noch den Aposteln und Concilien nicht befollen, sunder aus eigenem angemasstem Gewalt. Derohalben gehœre dem Papst zu, die Sünder auf den rechten Weg der Seligkeit zu weissen; dasz aber alle die dem Papste müsten Ketzer sein, die im die Faesz nit wollten küssen, oder dasz Solches ein Artikel des Glaubens wær, und der, welcher durch ordentliche Wahl der Churfürsten sich ein Kœnig oder Kayser nennt, und sein Ampt wohl versehen, ein abtruenniger von der Kirche wære, auch Alle die ihm als von Gott verordnete Oberkeit ihm gehorsam bitten, wider die Kirch sündigten und Ketzer wæren, kœnnte mit gœttlicher Geschryfft nit beybracht werden.... Der Kayser ist die hœchste Oberkeit, darum ist man yme vor Allem Gehorsam schuldig; regiertt er nit recht, musz er Gott Rechenschafft darum geben, und nit den armen Menschen.... Dies ist schlieszlichen, dasz alle die in unrechtem und unschuldigen Ban von Gott sind, denen ihr Vermaledeyung kert sich zur Begnadigung, ihr Ban und Unterdruekkung wird Gott erhœhen...." — V. aussi Gœrres, *Einleit. zu Suso*, XXXIX, et Rœhrich, *l. c.*, 27, 28.

14 Theoph. Elychnius (Dachtler), *Relatio ex Parnasso*. Strasb., 1619, in-4°.

15 Schilter, *Anmerk. zu Koenigshofen*, p. 1119. Speckle est dans une grave erreur quand, f. 262, il met la date de sa mort au 15 juillet 1379.

16 On y voit la figure d'un homme portant sur sa poitrine une couronne avec ces paroles : IHS T, c'est-à-dire, Joh. Taulerus; de la main gauche il porte l'agneau de Dieu, vers lequel il étend un doigt de la main droite. Autour de la pierre se lisent ces mots : ANNO DOMINI MCCCLXI XVI KAL JUNII CYRICI ET JULITE O. FR. IOH. TAVL. (*Obiit frater Joh. Tauler.*)

Voici maintenant le résumé de sa doctrine, comme nous l'avons extrait de ses sermons et de ses autres ouvrages[17].

La raison humaine est incapable de se faire une idée adéquate de Dieu; elle n'a de lui qu'un pressentiment; elle sait qu'il existe, mais elle ignore ce qu'il est, et peut tout au plus savoir ce qu'il n'est pas. Elle arrive de cette manière à une certaine notion de l'Être infini, qui consiste à ne rien affirmer, mais à tout nier de lui. Cet Être n'a pas de nom, les noms n'étant que des abstractions des créatures. Mais illuminée par la grâce, et élevée à l'état d'intelligence pure, la raison entrevoit les mystérieux abîmes de la Divinité, inconnus à tous les esprits; elle reconnaît alors que Dieu est une essence simple, qu'il est l'origine de toute existence, sans être aucune des choses qui

17 Les ouvrages de Tauler ne sont pas nombreux. Ses sermons en forment la principale partie. La bibliothèque de notre ville possède de ces sermons trois manuscrits inédits. Des circonstances indépendantes de notre volonté nous ont empêché jusqu'à ce jour de les consulter. Ce serait rendre un véritable service à la littérature, si on les publiait; car dans aucune des éditions imprimées, le langage original de Tauler n'a été conservé. M. Wakernagel a inséré dans son *Altdeutsches Lesebuch*, Bâle, 1835, in-8°, deux sermons extraits de ces manuscrits. V. aussi Oberlin, p. 8, etc. La première édition est de 1498. Leipz., in-4°, sous le titre : *Sermon des groszgelarten in Gnaden erlauchten Doctoris Joh. Tauleri Predigerrordens, weisende auff den nehesten waren Wegk. Yn Geiste tzu wandern durch uberschwebenden Syn. Unvoracht von Geistes ynnigen vorwandelt in deutsch manchen Menschen zu Selikeit.* Le dialecte souabe y a déjà passé en dialecte saxon. Elle a été réimprimée en 1508, Vienne, fol., et à Bâle, 1521 et 1522, fol. C'est cette dernière (*Joannis Tauleri des seligen Lerers Predig, fast fruchtbar zu eim recht christlichen Leben*) dont nous nous sommes servi. Ces sermons furent encore plusieurs fois publiés dans la suite, et en dernier lieu à Francfort, 1826, 3 vol. in-8°. Les ouvrages complets de Tauler ont paru d'abord à Cologne, 1518, fol. *Des erlauchten J. Tauleri Schriften von eym waren evangelischen Leben, gotliche Predig, Leren, Epistolen, Cantilenen, Propheten*, dont la plupart furent de nouveau publiés par Spener. Francf., 1703 et 1720, in-4°. Nous remarquons surtout les suivans : 1. *Nachfolgung des armen Lebens Christi.* Les anciennes éditions en sont très-rares. Nous avons dû nous contenter de celle de Casseder, en allemand moderne. Lucerne, 1823, in-8°. — 2. *Medulla animae*, ou *Institutiones divinae*, en allemand par Casseder, *ib.* Laur. Surius a traduit tous les écrits de Tauler en latin, excepté le livre de l'*Imitation.* Col., 1548, fol. Lyon, 1557, in-8° (celle que nous avons sous les yeux), etc. Sur les traductions françaises et italiennes, v. Quétif et Echard, p. 678. — Sur le mysticisme de Tauler on peut lire Ammon, *Gesch. der Homiletik*, Gœtt., 1804, in-8°. t. I, 44, et de Wette, *Christl. Sittenl.*, *l. c.*, 221, etc.

existent. Il est en tout ce qui est, essentiellement et réellement ; rien ne subsiste hors de lui. Lui seul a en lui-même le principe de sa vie ; il est indépendant de la créature ; il est immobile, bien que tout ne se meuve que par lui. Cependant il a fait les créatures à sa ressemblance. Partout on rencontre ses traces, dans la moindre fleur, comme dans l'immensité du ciel et dans l'intelligence des esprits. Il est le Bien suprême, l'Amour éternel que désire toute créature.

Son action est double, l'une extérieure, dans la nature qui émane continuellement de lui ; l'autre, intérieure, dans sa propre substance, où s'accomplit en toute éternité le mystère de la Trinité des personnes. En sa qualité de Père, il tourne vers lui-même sa divine intelligence, et se contemple dans le fond de son être ; il se reconnaît ainsi, et énonce cette connaissance par le Verbe ; cette compréhension est l'éternelle génération du Fils. Dieu rentre une seconde fois en sa nature, et après s'être reconnu, il conçoit de l'amour pour son image dans la différence des personnes ; il se complaît parfaitement en lui-même, et cette complaisance se manifeste comme un ineffable amour, qui est le Saint-Esprit. Comme Père, Dieu est une opération simple ; dans la compréhension de lui-même, il engendre le Fils, un avec lui dans la nature et dans l'essence, et type de la création ; du Père et du Fils efflue alors le Saint-Esprit dans un incompréhensible embrassement [18].

L'âme humaine a été une idée éternelle dans le Verbe, c'est-à-dire, elle a été en Dieu. Lors de la création elle est émanée de lui.

18 **Predigten, I, b.** « .... *Der Vatter an seiner persönlichen Eigenschaft keret sich in sich selber mit seiner gœtlichen Verstentnusz, und durchsicht sich selber in klarem Versteen in dem wesenlichen Abgrund seines ewigen Wesens, und denn von dem blossen Versteen sein selbs spricht er sich gantz usz, und daz Wort ist sein Sun, und das Bekennen sein selbs ist das Geberen seins Suns in der Ewigkeit, er ist bliben in wesenlicher Einigkeit, und ist uszgeen on personlich Underscheid. Also gat er in sich, und bekennet sich selber, und gat denn usz im selber in ein begird sin selbes Bild, daz er da bekant und verstanden hat in personlichem Underscheyd. Und gat wider in sich in volkumner Gevelligkeit sin selbs. Die Gevelligkeit sein selbs fleusset usz in ein unuszsprechliche Liebe, daz da ist der heylig Geist. Also blibt er inne, und gat usz, und gat wider ein....* » — **IV**, *a.* **LXXXV**, *b.* — *Medulla animae*, 266.

Il lui a imprimé l'image de la Trinité, et le Verbe a pris sa demeure dans son centre le plus intime. De là vient le désir de chaque âme de retourner à Dieu; elle se souvient confusément de son ancienne perfection dans le Verbe éternel. Elle ne peut plus s'unir avec lui dans la réalité, mais elle le peut par l'amour. Cet amour doit être le fruit des facultés dont Dieu a pourvu l'âme dans ce monde. L'homme doit donc avant tout chercher à se connaître soi-même; cette connaissance est supérieure à toutes les autres.

Il est composé de trois parties: 1. L'homme extérieur, le corps avec les sens et les forces sensitives (*die leiplichen Sinne und die Sinligkeit*). — 2. L'âme (*Seele*), comprenant deux sortes de facultés: 1° les facultés inférieures (*die richlichen Krefft*), par lesquelles elle appartient au temps et communique avec le monde sensible, telles sont la fantaisie, l'imagination, la faculté d'abstraire des choses extérieures leurs images par le moyen des sens; 2° les facultés supérieures, s'occupant des choses invisibles et rationnelles, et étant au nombre de trois: la mémoire (*Gedechtnuss*), pour se souvenir; la raison (*Verstentnuss*), pour comprendre, et la volonté libre (*freyer Will*), pour aimer[19]. — 3. La substance simple, la pure essence de l'âme, l'intelligence (*mens, fundus, Gemüth, mægliche Vernunft*)[20]. L'homme n'opère pas par elle; il n'opère que par ses autres facultés, quoique cette substance soit liée à celles-ci et les accompagne dans leurs opérations. C'est en elle qu'habite la lumière du Verbe et que se révèle la présence de Dieu. Elle appartient également aux justes comme aux pécheurs; ceux mêmes qui sont dans l'enfer conservent éternellement la noblesse primitive attachée à cette substance; mais elle est obscurcie par le péché, et c'est pourquoi l'homme n'en acquiert la conscience que très-difficilement. L'âme ne se fait des notions des créatures que par le moyen des images que lui fournissent les sens; bien donc qu'elle ne pénètre jamais dans le véritable

19 *Pred.*, I, *b.* «..... *Durch diese Krefft ist die Sel Gottes begriffig und empfenglich.*»

20 *Ib.*, IX, *a.* «.... *Ein lauter blosse Substantz der Seel.*»

être des choses, on peut dire qu'elle connaît tout, excepté elle-même et Dieu, puisqu'elle ne peut s'en former aucune image. La raison coordonne ces images et les dépouille du relatif et de l'accidentel; dans ce cas elle est appelée raison active (*wirkende Vernunft*, c'est-à-dire jugement, entendement). Elle est dite raison passive (*leidende Vernunft*) en tant qu'elle conçoit les images abstraites par la raison active, et qu'elle les transforme en images intellectuelles, en idéaux. Selon ces différentes facultés, l'âme peut avoir différens noms; tantôt elle est appelée âme en général (*Seele*), en tant qu'elle anime le corps et lui communique le mouvement; tantôt esprit (*Geist*), en tant qu'elle est faite à l'image de Dieu et qu'elle aspire à s'unir à lui; — intelligence (*Gemüth*), quand on la considère comme concentration de toutes les facultés; — homme (*Mensch*), quand on veut désigner le point intérieur où est cachée l'image de la Trinité. Ce centre est quelquefois appelé le fond (*Boden*), ou bien la fleur de l'âme (*Dolden der Seel*). Toutefois, aucun nom ne lui convient tout-à-fait, précisément puisque l'âme est faite à l'image du Dieu sans nom.

Dans son principe, la nature humaine est donc noble et sublime; Dieu l'aime, et Jésus-Christ est mort pour elle. Cette dignité originelle a été troublée par le péché, car Dieu avait donné à l'homme la liberté de choisir entre le bien et le mal, c'est-à-dire entre l'amour de Dieu, et l'amour du moi et des créatures. Le principe du péché est en l'homme, dans sa volonté[21]; mais il n'est pas forcé de pécher, il a même une haine naturelle du mal, tandis que nul ne hait réellement le bien : on ne pèche que par une fausse idée sur le bien. Le mal ou le péché n'est donc rien en lui-même; il n'a aucune existence réelle; par cette cause il annihile aussi ceux qui le commettent, puisqu'il est une privation du bien. Sa source n'est pas la raison, mais l'amour du moi, l'orgueil, la sensualité, et partant la séparation de

[21] *Med. an.*, 316. « *Ipse voluntatis consensus peccatum constituit, etiamsi nullum unquam opus subsequatur. Magis siquidem in voluntate, quam in opere, peccata posita sunt.* »

Dieu pour se tourner vers les vaines créatures[22]. Le premier homme, en rompant l'union avec Dieu, et en devenant sourd à la voix du Verbe éternel qui parlait en lui, a introduit le péché dans le monde, et sa dégradation s'est transmise à tous ses descendans. Notre volonté naturelle, à l'exemple d'Adam, s'aime toujours elle-même, et devient par-là incapable de tout bien. Cependant, quoique la ressemblance de Dieu soit ternie en nous, nous avons une tendance continuelle, un désir sans fin de nous réunir à lui; le souvenir de la pureté primitive de notre race ne nous laisse pas de repos dans ce monde; aucune des choses extérieures ne saurait satisfaire ce besoin de Dieu. Tout ce qui existe tend vers un but, et veut demeurer à sa place naturelle : ainsi le minéral retombe toujours vers la terre, ainsi la flamme monte sans cesse vers le ciel. L'homme également cherche sa fin; mais elle n'est pas dans la création visible, et par sa propre force il n'y atteint pas. Dans ses efforts pour y revenir, il se fait alors de fausses idées sur le Dieu qu'il pressent et qu'il reconnaît comme son but; il croit pouvoir se réunir à lui par la justice naturelle, par le mérite de ses bonnes œuvres. C'est dans ce sens que les sages parmi les païens ont pratiqué la vertu; mais l'essentiel leur a manqué, c'est-à-dire le renoncement à l'amour du moi.

Comment donc parvenir à notre terme, si les bonnes œuvres sont insuffisantes? La religion chrétienne nous en fournit les moyens. Il faut commencer par se reconnaître indigne de Dieu, par faire pénitence, par se soumettre sans opposition à l'opération de la grâce. L'acte le plus sublime de notre volonté, consiste essentiellement à ne vouloir que ce qui est voulu par Dieu[23]. Quand nous sommes convaincus de l'impuissance de notre raison à se former une idée de Dieu, et que nous sentons le désir de nous élever à lui, alors nous

22 *Med, an.*, 234. „..... *Peccatum est separatio a Deo et conversio ad vanissimas creaturas, etc.*" *Tract. de* 10 *caecitatibus*, in op. p. 492 et sq.

23 *Med. an.*, 316. „ *Est autem voluntas deiformis s. deifica, qua quidquid volumus pure ad Dei volumus gloriam.*"

apparaît la lumière de la grâce, l'étoile qui nous conduit au berceau du Seigneur. Le Verbe, obscurci et pour ainsi dire tué par le péché, se régénère maintenant en nous par l'action divine. Cette action est double : 1° une opération de la grâce, qui nous fortifie dans la vertu, et 2° une opération dite essentielle, par laquelle le Fils de Dieu est engendré en nous. Pendant cette régénération du Verbe, l'homme est absolument passif ; Dieu fait tout. L'homme n'a qu'à se préparer, avec le secours de la grâce, en purifiant et en simplifiant son âme par les vertus naturelles, humilité, douceur, compassion ; et par les vertus morales, sagesse, justice, force d'âme et tempérance. L'âme étant ainsi préparée à recevoir Dieu, il y entre et lui communique les vertus surnaturelles : la foi, l'espérance et la charité ; et dès ce moment s'accomplit la régénération du Verbe[24]. Elle a lieu dans le fond de notre esprit, dans l'intelligence pure, où ne pénètre aucune image, aucun savoir, et où règne le silence le plus absolu[25]. Dieu opère ici d'une manière surnaturelle, et cette génération du Verbe est semblable à celle du Fils de Dieu dans l'éternité[26]. Elle élève l'homme au-dessus de la grâce ; la raison ne la comprend pas, elle n'en entrevoit que la grandeur et la dignité, et en pressent la haute jouissance. Cela suffit pour constituer la noblesse de la raison elle-même, et pour la rendre respectable aux yeux de ceux qui la méprisent. Car n'est-ce pas déjà une grande chose que de désirer Dieu et de chercher ses vestiges dans la création ? Elle n'a qu'à se laisser conduire par la grâce, à ne pas résister à l'influence divine, et elle rentrera dans la possession de son rang primitif.

[24] *Pred.*, XIII, *b.* « *Das dein sey das bereiten, und das sein sey das invvyrcken und das ingiessen.... Wenn oder vvo dich Got bereit findet, so musz er vvyrcken, und sich in dich ergiessen. Zu gleycher vveysz so der Lufft lauter und rein ist, so musz sich die Sonn ergiessen, und mag sich nitt enthalten.* »

[25] *Ib.*, III, *a.* « .... *In dem lautersten das die Sele geleisten mag, in dem edelsten, in dem Grunde, ja in dem Wesen der Sele, daz ist in dem verborgesten der Sel, daz ist daz mittel schvvygen...* »

[26] *Med. an.*, 375. « *In hoc animæ fundo s. mente Deus præsentissimus adest, suumque in ipsa Filium sine intermissione generat. Ubinamque Pater adest, ibi et parere ipsum oportet, paritque Filium suum ; imo nos quoque tunc generat, ut simus per gratiam adoptionis filii ipsius adoptivi.* »

Les moyens pour arriver à ce but sont l'humilité, la résignation, l'abnégation pleine et entière de la volonté naturelle. Cette abnégation ne se fait pas sans peine; car de même que la génération de l'homme physique est accompagnée de douleurs, de même aussi la génération du Verbe nous cause des souffrances; elle est le fruit d'une longue passion spirituelle. L'homme qui veut revenir à Dieu, doit se séparer de tout ce qui n'est pas Dieu, et sortir ainsi de lui-même; s'il désire que Dieu vive en lui, il doit mourir à toute créature; il doit s'affranchir de toute forme, de toute image fournie par les sens et utile seulement aussi long-temps que l'homme vit dans la multiplicité (*interna abstractio*). Les facultés intellectuelles doivent être rappelées de leur dispersion au dehors, et concentrées comme en un coin caché de l'âme, afin que dans celle-ci règne le silence, et qu'elle parvienne à un oubli total, à une ignorance complète de tout ce qui n'est pas Dieu [27]. Dans cette suprême abnégation de la volonté, on n'a plus aucun souci des choses extérieures et variables; on renonce à l'amour des créatures, on s'abstient de la jouissance des sens, aussi bien que de celle de la raison où l'esprit se pose lui-même comme objet de sa contemplation. On supporte l'affliction et la douleur du corps comme moyens de salut, et on devient insensible à tout ce qui tue l'homme moralement, comme le mépris, la haine, l'injuste excommunication [28]. Le désir de l'action cesse, on attend en patience l'arrivée de Dieu, et avec une passive résignation, on le souffre et on le laisse opérer tout seul [29]. A l'homme n'appartient

27 **Pred., X, b.** «.... *Wann der Mensch ein invvendig vverk sol vvirken, so musz er alle Krefft insiehen, recht als in einen vvinkel der seel, und sich verbergen vor allen bilden und formen, und aldo mag er vvirken. Hie musz er kommen in ein vergessen und in ein nitvvissen. Es musz sein in eyner stille und in einem schvvygen....*» — **XI**, *a.* «.... *Man soll hie kommen in ein überformet vvissen, und disz unvvissen soll im nicht kommen von unvvissen, aber mer von vvissen....*»

28 **Pred., CIII**, *a.* «*Liebs kindt, sinck in deinen grundt und in dein nicht, und lasz den turn mitt allen seynen glochen auff dich fallen. Lasz alle teufel die in der Hellen seind über dich kommen, himmel und erden mitt allen creaturen, es soll dir alles vvunderlich dienen, sinck nur in dein nicht, dir vvirt der beste teil.*»

29 V. la comparaison entre l'âme résignée et un orgue joué par Dieu. *Med. an.* 278.

que la résignation, à Dieu seul l'illumination. Le dernier effort de cette profonde humilité consiste à pouvoir même se passer de Dieu, quand il refuse de consoler l'âme par sa présence; de même que l'extrême de l'abnégation est de ne plus vouloir ni bien ni mal, et de ne plus donner à la volonté d'autre objet que le néant.

Cependant le corps s'oppose toujours à ce détachement des choses extérieures, et à cette introversion toute passive; il y a un combat incessant entre lui et l'âme; il est fort, car sur la terre il est dans son domaine, tandis que l'âme, dont la patrie est au ciel, est une étrangère ici-bas[30]. Avec le secours de la grâce, il faut alors dompter le corps par la pénitence, et mortifier la chair par des privations. La résignation qui résultera de là sera la seule véritable, car elle sera l'effet de notre courage et de notre libre volonté; tandis que celle qui est le fruit d'une âme débile ou d'une constitution trop délicate, ne sera toujours qu'un signe de faiblesse. La meilleure chose qu'on puisse faire pour se procurer cette liberté d'esprit, condition indispensable de notre union avec Dieu, c'est de suivre le divin exemple de Jésus. Ici nous arrivons à une grande inconséquence dans le mysticisme de Tauler; mais c'est justement cette contradiction avec son système, qui lui a dicté ses plus beaux passages, et qui sans doute aussi a produit sur ses auditeurs plus d'impression que toutes ses théories sur la génération du Verbe. Nous voulons parler de ses exhortations à la vertu et à une vie active et charitable, qui s'accordent peu avec la mort mystique de l'âme, mais qui sont d'autant plus conformes à la religion de l'Évangile. Nous devons suivre, dit-il, l'exemple de Jésus-Christ dans toutes les choses qui nous sont possibles, car Dieu n'exige pas que tous les hommes imitent son jeûne ou sa passion; il faut l'imiter spirituellement et

30 **Pred., XIV, a.** „*Der leib ist hie kien und starck, wann er ist in seynem heimatt, die welt hilfft im, das erdtreych ist sein vatterland. Im helffen hie all seyn freund, die speysz, der tranck, die zartheit, das ist alles wider den geist, wann er ist hie ellendt. Aber in dem hymel seind alle seine freund, und alles sein geschlecht, da ist er wol gefründet, ob er sich dar richtet, und sich dahin heimliget.*"

non corporellement. Pour cela, il suffit d'aimer Dieu, de s'élever à lui pour une prière tacite[31], et d'exercer la charité envers tous les hommes. L'amour, ou la bonne volonté, est la consommation de toutes les vertus, la couronne de la foi[32]; intérieurement il aime Dieu, et plus il l'aime, plus il est poussé à s'épandre au dehors, et à se prouver par la charité envers le prochain, sans regarder à la condition de celui qui en a besoin, qu'il soit bon ou méchant, ami ou ennemi. Il y a des hommes qui prétendent que, le renoncement à tout étant notre devoir suprême, il n'est plus nécessaire de pratiquer la vertu. Ces hommes sont égarés par un faux orgueil; partout où le devoir nous commande l'action, nous avons l'obligation d'agir, comme a fait Jésus; et si, pendant la plus sublime extase, on faisait un appel à notre charité, et que nous refuserions d'y répondre, notre contemplation serait vaine et coupable; car le Seigneur a dit: Faites luire votre lumière devant les hommes, afin qu'ils voient vos bonnes œuvres et glorifient en vous le Père céleste. La chose la plus noble et la plus belle dont on puisse parler, c'est l'amour, ou la lumière intérieure réfléchie au dehors. Dieu ne veut pas une science élevée ou des pénitences rigoureuses; il ne demande que de l'amour, qui seul donne à la raison sa dignité, et qui sanctifie les exercices de la religion. Rien ne nous unit aussi fortement avec Dieu que le doux lien de l'amour. Celui qui l'a trouvé, n'en cherchera plus d'autre; tout ce qu'il fera sera bon, et son inaction même sera plus utile que l'activité de mille autres. C'est par là que Tauler rentre dans le mysticisme; car, par cette dernière déclara-

31 *Pred.*, LXXXIV, *b.* LXXXV, *a.* « *Das wesen des gebetts ist ein uffgang des Gemütes in gott.. . Die statt do man betten soll, das ist in dem geyst.... Disz ist die recht weysz die zu dem wahren gebett gehöret. Und nit wenent dasz das ein wares gebett sey, so man vil blappert mit dem mund uszwendig, und vil psalter liszt, und die schnell und behend dahin spricht, und das hertz hie und dort hin und herlaufft.* »

32 *Ib.*, LXVIII, *b.* On doit s'approcher de Dieu « *mit lauterem einfeltigen glauben, der lebendig sey mit guten werken und tugenden, nit ein gedichter glaub, der in dem leben nit erlüchtet.* »

tion il annule de nouveau l'activité humaine, puisque dans l'état de l'amour mystique l'homme n'est toujours qu'un instrument passif entre les mains de Dieu; et il est conséquent quand il parle lui-même d'une annihilation du moi, en laquelle il résume toute la perfection de l'homme[33].

Quand on s'est affranchi de toute affection extérieure et intérieure, quand on est arrivé à la conviction de son néant, et par-là à la véritable pauvreté ou liberté de l'âme, l'accès au Bien souverain est ouvert, et l'on recouvre la ressemblance avec Dieu. Alors on devient pauvre en grâce et en vertus, c'est-à-dire on n'a plus besoin ni de l'une ni des autres, l'âme étant immédiatement unie avec Dieu et comprenant toutes les vertus dans la suprême unité de l'amour. Elle perd toute inégalité, toute différence; la conformité primitive entre elle et Dieu se rétablit, elle cesse d'être elle-même (*sie entwird sich selbst*); elle est déifiée (*vergœttet*); le nom d'esprit humain ne lui convient plus, le néant créé est absorbé dans le néant increé; il est Dieu en Dieu et tout-puissant avec lui; mais il ne devient jamais Dieu lui-même, il demeure toujours une substance créée[34]. Par cette illumination l'âme est élevée au-dessus de ses facultés, ou plutôt celles-ci se transfigurent l'une en l'autre; les sens s'élèvent à l'état de raison, la raison devient intelligence, et Dieu lui-même occupe la place de cette dernière. Cette révélation immédiate de Dieu, cette contemplation de la lumière surnaturelle, ou cette absorption de l'âme dans l'essence divine, ne se fait plus au moyen d'images ou d'idées d'une manière intelligible quelconque, mais d'une manière essentielle, surnaturelle, incompréhensible par la raison. L'âme est transportée avec toutes ses facultés et affections dans une solitude inconnue et sans fin, dans les ténèbres secrètes et informes du Bien

33 *Med. an.*, 346. Il l'appelle: «*Sui ipsius mortificatio, annihilatio, interitus, perditio, abnegatio.*»

34 *Pred.*, XII, *a.* «.... *Und ob man es dörffte sprechen, sy seind in etlicher masse nichts, sunder gott ist in jn.*» LXVII, *a.* L'opinion que cette union avec Dieu est physique, est «*böse ketzerey.*»

invisible, où il n'y a plus que Dieu dans un silence troublé par aucun bruit[35]. Comme une pierre, jetée dans une mer sans fond, tombe toujours et ne peut plus remonter à la surface, ainsi l'âme plongée dans l'abîme de la Divinité, n'en atteint jamais le fond incréé et éternel, et n'en peut plus être rappelé par le monde fini. C'est un flux et un reflux continu de l'âme vers Dieu et de Dieu vers l'âme, qui nage dans un océan de délices; sa félicité consiste à sentir Dieu en elle et autour d'elle, à ne sentir rien hors de là, et à jouir de la contemplation de la Trinité. Ce que l'on éprouve dans cette extase, dans cette déification, aucune raison ne le saisit, aucune parole ne peut le dire; c'est une immersion, une liquéfaction en Dieu, d'où l'âme n'est ramenée à l'état ordinaire que par les besoins et les faiblesses des facultés inférieures; de sorte qu'un homme parfait est toujours comme suspendu entre le ciel et la terre.

L'extase se prononce diversement chez les hommes; les uns semblent comme enivrés de l'amour divin, et leur joie s'exprime par d'ardentes jubilations; d'autres poussent des cris, se mettent à rire ou à chanter; d'autres encore meurent pour ainsi dire, et leur cœur est brisé par le désir de Dieu. Quelques-uns même sont morts en effet, en s'abandonnant à un tel point à cette merveilleuse opération, que leur pauvre nature a dû succomber. Cependant ces différens modes ne sont pas encore l'état de perfection; les extases, les visions, les ravissemens, ne sont que des degrés pour monter à la paisible et silencieuse union avec Dieu, dont le signe le plus sûr est

35 *Pred.*, XXX, *a.* « *Da wird dann der Geist gezogen über alle krefft in ein wüste wildnysz (davon aber kein mensch kan gesprechen), das ist in die verborgen weyszlosz vinsternysz des wyszloszen guts, da würt der geyst also nahe ingefürt in die einigkeit gottes, das er gantz verleurt allen underscheid.... Disz heiszt und ist ein unsprechlich vinsternisz, und ist doch das war wesenlich liecht gots, und ist und heiszt ein unbegreiflich wilde wüste, da niemant inne findet weg noch steg, noch weysz, wenn es ist über alle wyse. Dise vinsternisz soll man also versteen. Es ist ein liecht, da kein geschaffen verstentnisz zugelangen noch versteen mag von natur, und ist darumb wild, wann es keinen zugang hat. In disem würt der geyst gefürt über sich selber, über alles seyn begreyffen und versteen.* »

l'amour de l'humanité. Ceux qui parviennent à ce faîte de la vie spirituelle, quoique très-rares, sont des hommes sublimes, les vrais témoins de Dieu. En eux, il n'y a plus aucun faste de paroles, aucune vaine curiosité; ils sont humbles et patiens, et supportent avec résignation leur destinée; ils sentent un courage inébranlable, la mort n'a plus rien de terrible pour eux; et si Dieu l'exigeait, ils se leveraient et parleraient devant les hommes, et se sacrifieraient avec joie pour la vérité. De jour en jour la nature leur révèle de nouvelles merveilles; la création entière les ramène à Dieu, en toutes choses ils ne voient et n'aiment que lui. Ils exercent toutes sortes de vertus; le péché recule devant eux[36]; et ni le monde ni les démons ne peuvent leur enlever la céleste paix de leur âme. Ils sont des hommes doux et aimans, et dans leur amour ils sont remplis de tant de compassion pour les pécheurs, qu'ils mourraient volontiers pour leur salut. Ils soutiennent la chrétienté par leurs prières, et eux seuls portent encore ce monde, dont ils sont les plus fermes colonnes[37].

On le voit, ce mysticisme se distingue par sa tendance pratique et morale; les préceptes de charité sont toujours étroitement liés aux théories sur la contemplation. C'est là tout d'abord une heureuse inconséquence dans laquelle Tauler est tombé. Son sens droit, ennemi de toute exaltation, et son cœur aimant, qui voulait le bonheur de toute créature, ne lui ont pas permis d'isoler les hommes dans une oisiveté contemplative, et d'en faire ainsi de chacun son propre et unique centre. Son intelligence était beaucoup trop élevée pour qu'elle n'ait pas dû se heurter à chaque pas contre les écueils du mysticisme; et si son sentiment religieux a pris cette direction, il faut l'attribuer bien plutôt à la tendance générale de son époque et au défaut de véritables études scientifiques, qu'à une imagination exaltée ou sentimentale. D'un côté, il avilit le moi, comme tous les

36 *Med. an.* 242. « *Amor enim et odium simul in eodem subsistere non possunt.* »

37 *Pred.*, XII, *a.* « *Ach das seind zarte mynnigkliche menschen, es seind übernatürlich götlich menschen.... Sy tragen alle dise welt, und seind edel seül diser welt.* » — *Med. an.*, 348.

mystiques, et exige de lui une passive indifférence pour tout ce qui l'entoure, en ne donnant à la spéculation d'autre but que le détachement du monde, et l'absorption de l'âme dans le néant de Dieu; mais, d'un autre côté, s'apercevant en quelque sorte de ce qu'une pareille doctrine a de dangereux, il parle en mille endroits de la dignité de l'âme et de la charité comme seul fondement de la vie divine. D'un côté, il place tout le salut dans la vie ascétique et dans les macérations, tandis que de l'autre il prêche les principes de la morale évangélique la plus pure. L'union avec Dieu est tantôt la véritable union chrétienne, c'est-à-dire celle de la volonté humaine avec la volonté divine; tantôt il revient à l'union mystique et surnaturelle, à l'anéantissement de l'être humain dans le sein de Dieu. Tantôt il nous cause une impression pénible, lorsque, dans des allégories de mauvais goût, il pousse l'abaissement de l'homme à la dernière extrémité, et lui commande le mépris de soi-même, en le changeant pour ainsi dire en un instrument ignoble dont Dieu peut disposer à son gré; tantôt il y a de la grandeur et de la générosité dans ses paroles, quand il s'adresse au courage d'une « âme noble » pour l'exhorter à la résignation, au milieu d'un monde qui n'est pas digne d'elle, et dans les persécutions qui attendent ici bas les combattans de Jésus-Christ. De pareilles contradictions se rencontrent fort souvent chez lui; en partie peut-être parce qu'il n'a pas réduit son mysticisme en système méthodique, et que tout ce qu'il a écrit est plutôt destiné à édifier et à consoler le peuple, qu'à faire connaître des opinions nouvelles.

Tout en suivant les auteurs mystiques qui l'ont précédé, il n'abdique jamais son caractère original. Sa psychologie qui, malgré ses imperfections, fait preuve d'une profonde étude du cœur humain, de ses passions et de ses besoins, lui appartient en propre, quoiqu'on en trouve déjà des germes chez quelques-uns de ses prédécesseurs. Sa métaphysique, obscure à force d'allégories et de métaphores, et ne consistant souvent qu'en hypothèses subtiles sur le monde invisible, ou en fantaisies spéculatives trop peu distinguées de notions claires et réelles, aboutit au terme inévitable de toute théorie mystique, au panthéisme. Car Dieu seul existe; hors de lui tout est néant; dans l'abîme de sa Divinité, d'où est émanée l'âme et dans laquelle elle doit s'absorber de nouveau, se résoudront un jour les contradictions temporelles en une parfaite identité. Une pareille doctrine aurait dû sans doute l'éloigner du catholicisme; mais il est curieux de voir la peine qu'il se donne pour rester attaché à son Église; il en recommande les cérémonies comme des moyens de contemplation; cependant il en dévoile avec sévérité les abus et les erreurs[38]. Il voulait ramener le dogme à Augustin, et le culte purement extérieur à la foi simple et intime du sentiment. La Bible a été la base sur laquelle il a voulu construire sa doctrine, et Jésus-Christ, le centre de toutes ses méditations. La vie du Sauveur est le modèle qu'il faut suivre, et que malheureusement on oublie trop souvent. C'est pour cela qu'il prêche la pénitence avec tant d'énergie, et qu'il s'élève avec tant de force contre la vie déréglée du clergé et des moines, contre le luxe des habitans des villes[39], contre les vices des princes[40], ainsi que contre les arides disputes des scolastiques[41]. Toutefois il n'était

38 *Pred.*, LXXXIV, *a.* «*Ich sag euch in der evvigen vvarheit, dasz ob die evvig Künigin Maria... und alle heiligen und engel gottes, mit blutigen zæheren für den Menschen bäten nach diser zeyt, es hülfft gar nichts, im vvürde vveder zugelegt noch abgenommen, dann als er verdient hat, etc.*»

39 *Vaticinia*, in op. 444. «.... *Porro signa quæ terribiles has magnasque plagas portendunt, partim sunt breves istæ atque discissæ, et in varias subinde formas abominabili quadam metamorphosi, nunc quidem sic, nunc vero aliter commutatæ vestes, cum insolentibus ac lascivis gestibus.*» — *Nachf.*, 135, où il montre que les richesses temporelles et l'amour de Dieu se trouvent rarement réunis dans le même homme.

40 *Pred.*, CXXVI, *b.* «*Die fürsten der vvelt und die gevvaltigen solten die allerbesten seyn, so seind sy leyder nun zumal die aller bösten und ergsten, und seind recht ross und pferd darauff die teufel reytten, das sy die auszervvelten menschen gottes peynigen und martern. Und darzu machen sy allen unfryd und unglück in aller vvelt, mit eynander vveltlich und geystlich. Disz alles sicht man teglich an ir grossen hoffart und unkeuschheit, und in unrechten gevvalt, und in mancherhand boszheit die sy stifften und treiben heimlich und offentlich, hierumb sicht man auch grosz hertte manigfaltig plag die got uber uns verhengt, von unser grossen sund vvegen....*»

41 *Ib.*, CIII, *a.* Il parle des «*grossen vernunfftigen mit den subtilen hohen vvorten, als ob sie*

pas fait pour être réformateur; il parle encore trop souvent de la soumission à l'Église, quelles que soient ses décisions[42]. Mais on peut le regarder comme un puissant précurseur de la réforme, par l'esprit général de ses œuvres et par les tendances de toute sa vie. Il est donc compté avec raison parmi les témoins de la vérité[43], et Luther a pu dire que dans les écrits de Tauler se trouvait plus de véritable théologie que dans les livres de sentences des docteurs scolastiques[44].

Cependant cette théologie de Tauler n'est que celle du cœur et du sentiment; son érudition avait peu d'étendue. Il avait lu les anciens philosophes, et cite fort souvent les noms de Platon, d'Aristote, de Sénèque, etc; les néo-platoniciens, surtout Proclus, lui étaient également connus; les sources de prédilection où il allait puiser ses doctrines, étaient Augustin et Denis de l'Aréopage, ainsi que Bernard de Clairvaux, Hugues et Richard de Saint-Victor, Thomas d'Aquin, et deux ou trois autres. Il ignorait presque entièrement l'histoire ecclésiastique et les langues sacrées; ses singulières étymologies des noms

die zwölffbotten seyen.» — CXXII, *a.* « *Alle kunstreich meister zu Paris mit aller irer behendikeit künden nit hierzu kommen, und wollten sy hievon reden, sy müsten zumal verstummen.»* — *Nachf.*, 151.

42 *Pred.*, V, *b.* « *Nun wissent, diese hüter (der kirche) sœllen sein die prelaten der heiligen kirchen, die pfaffen, bischoff, apt, prior und geistlichen beichtiger, dise prelaten alle sœllen die menschen regieren und richten nach dem lob gottes, und nach allen seim liebsten willen, so seind sy vor erst leider selb blind, und also fürt ein blind den andern, daz zu fœrchten ist daz sie beyd mit einander fallen in den grund ewiger verdammnusz. Und darumb so haben wir vil oberherren, also hab ich ein suppriorem und ein priorem und ein provincial, und bischoff und bapst, die alle über mich seind, und wölten sy alle übel mit mir, das sy all zu wölffen an mir würden, und mich all beissen wölten, sol ich mich in einer waren gelassenheit und und ertherkigkeit demütigklich under sy legen, und dasselb demütiglich on alles murmeln und widerreden.»*

43 Flacius, *Catal. testium veritatis.* Francf., 1666, in-4°, p. 744.

44 *Luther's Werke*, *ed. Walch.* Halle, 1746. in-4°. t. XVIII, 359. (*Resolutiones contra Joh. Tetzel.*) Cependant Tauler n'a pas été également loué par les auteurs protestans; il y en a qui, à l'exemple de Bèze, l'ont regardé comme un visionnaire. Les catholiques ne sont pas plus unanimes dans leurs jugemens sur lui; le Dr Eck, par exemple, l'appelle un rêveur, sans doute parce que Luther avait fait son éloge. Bzovius, au contraire (*Contin. annal. Baronii* Col., 1618, fol. t. XIV, 1203) l'appelle „*virum in divinis et humanis scientiis eruditissimum, unctioneque Spiritus S. excellenter illuminatum*", et le défend contre la „*nimis iniquam sententiam*" d'Eck.

de la Bible prouvent assez son manque de connaissances en exégèse[45].

En général il néglige, dans son interprétation de l'Écriture, le sens littéral, pour ne rechercher que le sens tropique et moral[46]; le cantique des cantiques, exploité par les mystiques de tout les temps, lui fournit la plus grande partie de ses allégories, et il en emprunte même, mais du reste assez rarement, des images sensuelles de Dieu[47]. Sa diction est simple, grave, sententieuse, abondante en similitudes et en proverbes, riche en comparaisons pittoresques, tirées de la nature et des arts; quelquefois seulement il est trop métaphysique et trop subtil pour le peuple, tandis que dans d'autres endroits ses figures triviales répugnent entièrement au goût de notre époque[48]. L'obscurité lui était inévitable, tant à cause du sujet même de ses méditations que par le défaut de termes capables d'exprimer les idées mystiques dans sa langue maternelle, vu qu'il a tout écrit en allemand. Ses ouvrages ont donc aussi du mérite pour le philologue, en ce qu'il peut y étudier les premiers essais tentés par la langue allemande, pour se créer une terminologie métaphysique particulière[49].

45 P. ex. *Pred.* VII, *a.*

46 *Ib.* XXII, *a.* Voici un exemple de son interprétation allégorique de Jean, V: le réservoir de Béthesda est la personne de Jésus-Christ; l'eau qui y est agitée, son sang; les malades couchés tout autour, le genre humain; ceux qui ne peuvent descendre dans l'eau, les damnés; les cinq portiques sont ou les cinq plaies de Jésus-Christ, ou les cinq vertus: humilité, persévérance, repentir, pauvreté, empressement à recevoir la grâce. — LXXVIII, *b.* Sur Luc. XV, 8 et suiv. La femme est la divinité; la chandelle, l'humanité déiforme; le denier perdu, l'âme humaine.

47 *De* 10 *caecit*, 513.

48 P. ex. *Pred.* XVIII, *b.*, ou *Med. an.*, 379, où il compare l'âme à un pendu: le gibet est la divinité; les trois piliers du gibet sont les trois personnes; la corde est faite de trois fils, qui sont trois vertus, etc.

49 Oberlin, 31. V. une liste des mots qui lui sont propres, p. 18 et s.

CHAPITRE IV.

Henri Suso, dit Amandus[1].

Quatre ans après la mort de Tauler (1365), mourut, dans un couvent d'Ulm, le dominicain Henri Suso[2]. Il était né à Constance, dans la première année du quatorzième siècle, de parens nobles et honorés dans le pays. Son père était de l'ancienne famille des seigneurs de Berg, sa mère de celle des Seuss ou Saussen[3]. Les événemens de sa vie sont peu connus, et ce qu'on en sait est de peu d'importance. En général, dans ce siècle de trouble et d'anarchie, les esprits avaient pris deux directions : l'une au dehors, active, guerrière, aventureuse; l'autre, toute intime, fuyant la vie et se retirant dans le silence de la contemplation. L'histoire de ceux qui ont pris cette dernière route, n'a ainsi que peu de choses à dire; chez la plupart elle est réduite à une époque de doutes et de combats intérieurs, suivie d'une époque de paix contemplative et de pieux ravissemens. Quoique la tendance de tout le siècle suffise, jusqu'à un certain point, pour expliquer ce penchant au mysticisme chez les âmes religieuses, il serait pourtant curieux de connaître les causes plus secrètes, qui ont changé leur état de doute en celui de la foi la plus ardente. Mais dans la plupart des cas ces causes nous sont cachées; la crédulité des contemporains représente ces transitions, comme les effets d'illuminations subites et surnaturelles, sans chercher dans

[1] Il a lui-même raconté sa vie à la nonne Elis. Stæglin († 1360 au couvent de Thœss, près de Winterthur), qui la transcrivit à son insu. Elle se trouve dans l'édition latine de ses œuvres, par L. Surius, depuis la page 434. V. aussi Diepenbrock, *Suso's Leben und Schriften, mit einer Einleit. von* Gœrres. Regensb. 1829, in-8°.

[2] Bzovius, *l. c.* 1317. « ....*post mortem ingentibus miraculis clarissimus!* » — H. Murer, *Helvetia sancta.* St.-Gall., 1751, fol. p. 317.

[3] Murer, 284. D'après d'autres il serait né en 1295, ou même en 1280. Diepenbrock, XXI.

l'âme elle-même, ou dans l'influence de l'éducation et de l'exemple. les véritables moteurs de ces phénomènes. Il en est ainsi pour Suso. De bonne heure il était entré dans l'ordre des dominicains, qui l'avaient envoyé à Cologne pour y faire ses études de théologie. Quant à sa première éducation, nous n'en savons rien; on dit que son père était un chevalier, un homme du monde, faisant peu de cas du culte public; tandis que sa mère était une femme pieuse et dévote. De là, une double influence sur son esprit singulièrement impressionnable; d'abord des penchans romantiques et galans, qui lui firent passer une jeunesse légère et pétulante[4]; et plus tard une abnégation rigoureuse, et la direction de son amour vers la Sagesse éternelle. Car un jour la piété de sa mère lui revint à la mémoire, et son imagination, excitée peut-être par des leçons de maître Eckart, se troubla au souvenir de la vie qu'il menait, et au moment où il allait prendre son grade de docteur, l'Esprit-Saint lui ordonna de renoncer à cette dignité, vu qu'il savait assez pour faire pénitence lui-même et pour la prêcher ensuite aux autres. Il était alors âgé de dix-huit ans; depuis ce moment tout changea pour lui; il quitta le nom paternel, pour prendre celui de sa mère, son père n'ayant pas vécu d'une manière assez pieuse[5].

Avant sa conversion, Henri Suso avait été tourmenté par d'immenses désirs; il avait demandé aux créatures une satisfaction qui le fuyait sans cesse; maintenant son cœur, où n'habite plus qu'une seule passion, celle de l'amour, mais d'un amour brûlant et sans bornes, s'adresse à Dieu et reconnaît en lui l'unique source de sa paix. Mais l'idée de ses péchés lui cause de nouvelles angoisses; il se croit indigne de Dieu, et, par le manque d'une raison assez éclairée, il est poussé à l'extrême et se persuade qu'il n'y a plus qu'un moyen pour s'attirer la grâce, savoir : l'anéantissement de la volonté et la fuite du monde. Sa nature, qu'il n'a jamais pu soustraire entière-

4 *Vita, in opp.*, 472. „*In adolescentia sua erat natura petulanti.*"

5 *Opp. Epist dedic. Surii.*, 7. 8.

ment à l'empire des sens et de l'imagination, s'y oppose; à force de pénitences dures et réitérées, il parvient à la dompter à la fin. N'ayant personne à qui il pût faire la confidence de ses peines, il s'enfonce en lui-même et rompt toute communication entre le monde et lui. Son cœur s'embrase de plus en plus pour l'éternelle Sagesse, dont il aspire à devenir l'ami, le fiancé. Le cantique des cantiques, les livres de l'Ecclésiastique et de la Sapience sont le seul aliment de son esprit, et lui fournissent ces formes allégoriques dont il a revêtu ses amours pour Dieu. Mais un nouveau désespoir l'attend: comment aimer ce qu'il ne peut voir ni connaître? comment répondre dignement à l'amour de l'Éternel? comment savoir s'il ne l'a point abandonné. Toutes ces questions, jointes au sentiment de ses imperfections, le plongent dans la plus profonde tristesse; les visions même ne le consolent pas; il n'en peut jouir que par instans, pour retomber ensuite dans une affliction plus grande encore. Cependant il se console même au milieu de ces douleurs, car on n'aime pas bien si on ne souffre pas pour ce qu'on aime. C'est ainsi qu'il arrive à l'assurance qu'il est le fiancé de la Sagesse; elle-même lui est apparue sous la forme de la plus gracieuse des vierges, portée sur des nuages et brillante comme l'étoile du matin; sa couronne était l'éternité, et la félicité l'entourait comme un manteau; elle s'est penchée vers lui, et lui a dit avec une céleste douceur: Mon fils, donne-moi ton cœur. A présent commence pour Suso une vie d'extases et d'amoureux ravissemens; il reçoit de la Sagesse le nom d'*Amandus*[6], et, pour lui donner à son tour un signe de son dévoûment, il grave avec un fer pointu le nom de Jésus sur la place de son cœur. Quand il est triste, des chœurs invisibles viennent le réjouir par des mélodies inouïes; la nature avec ses printemps, ses fleurs, ses étoiles, ses aurores, lui est un miroir de sa céleste amie et lui présente dans tous ses charmes son ineffable image.

6 *Epist. dedic. Surii.* 7.

Sa vie se passe ainsi dans le fond de sa cellule, à attendre des visions ou à converser avec les âmes des trépassés qui lui apparaissent. Pour aimer plus dignement et pour briser la vigueur des sens, il s'impose toutes sortes de privations et de mortifications; pendant trente ans il ne prononce pas un mot pendant les repas; il porte des chaînes et des ceintures hérissées de crochets, et couche sur des planches semées de clous. Il se ravage et se déchire le corps; mais, du milieu de ses ruines, son âme fait monter des hymnes d'amour vers l'éternelle Sagesse. Il continue ces macérations pendant seize ans, s'imaginant que Dieu prenne plaisir à un pareil fanatisme. Enfin, l'esprit lui annonce que Dieu est satisfait, et qu'il doit quitter ses appareils de torture pour aller prêcher la pénitence aux hommes. Il sort alors, tantôt pour visiter en Suisse quelque couvent de nonnes, tantôt pour prêcher à Strasbourg chez Tauler, son ami, ou à Cologne, et jusqu'à Aix-la-Chapelle. Souvent il fut insulté et honni par la foule. Sa propre sœur, qui s'était enfuie de son couvent pour suivre des aventuriers, lui causa de vifs chagrins; plusieurs fois même il se trouva en danger de mort: dans un voyage à Strasbourg, il tomba dans le Rhin, et eût péri sans l'arrivée d'un soldat qui le retira de l'eau.

On comprendra sans peine quel a dû être le caractère du mysticisme de Suso[7]. Il est tout fantastique et sentimental; il a bien peu

[7] Suso a peu écrit; ses traités ne sont en général que des épanchemens de son amour pour la Sagesse, des dialogues avec elle. Dès leur apparition ils ont trouvé beaucoup de lecteurs, et ont été traduits en différentes langues. Lui-même les a presque tous composés en allemand. Ils furent recueillis, vers la fin du quinzième siècle, par le dominicain Félix Faber, d'Ulm. Les 1res édit. parurent en allemand; Augsb. 1482, fol. 3; *ib.*, 1512, fol. La traduct. de Surius (*Susonis opera, e suevico latine translata*, Col. 1555, in-8°, et 1588, etc.) est faite d'après l'édit. allem. de 1512. Voici les titres de ces opuscules: 1. *Dialogus sapientiae et ministri ejus, sive horologium aeternae sapientiae*, trad. en latin par Suso lui-même, pour l'envoyer au général de son ordre, Hugues de Vaucemain, † 1341. Il en existe une ancienne version française, faite peu de temps après la mort de S. par un minorite lorrain. Par., 1494, fol. 1530, in-8°; trad. une seconde fois sur le latin de Surius, Par., 1684, in-12. (V. Quétif et Echart, 654 et sq.). — 2. *Dialogus de veritate.* — 3. *Liber de novem rupibus.* — 4. Quelques sermons, épîtres, etc.

d'érudition, et moins encore de philosophie; aucune dialectique, aucune argumentation: tout est intuition immédiate. Son point de départ est une réflexion imparfaite sur la nature de Dieu dans son Unité et dans sa Trinité, ainsi que sur l'émanation de la création et son retour en Dieu [8].-Il conçoit l'Infini, moins sous le rapport de sa grandeur et de sa majesté, que comme origine du beau et du bien. Son imagination infatigable ne lui permettait pas de s'élever à l'idée abstraite et métaphysique de Dieu; il lui fallait des images et des signes visibles, auxquels il pût adresser les soupirs de son ardent amour [9]. C'est pour cette raison aussi qu'il n'était jamais satisfait, et qu'il se sentait malheureux quand les visions tardaient à venir. Sa foi, qu'il avait bâtie sur le fond si chancelant des extases, n'avait pas cette paix que donne la véritable lumière de l'Évangile. Le besoin de savoir n'était pas étouffé en lui; il l'agitait sans cesse, et se trahissait par une soif ardente de pénétrer dans les mystères divins, par une curiosité faisant mille questions à la Sagesse, par des demandes réitérées de révélations, par une singulière avidité de recevoir les illuminations qui devaient lui éclairer les profondeurs surnaturelles. Il lui a manqué la belle intelligence de Tauler; autrement il n'aurait pas tant joué avec des figures et des allégories; il n'aurait pas pressé son mysticisme dans le moule étroit de dogmes, dont le sens lui échappait; il n'aurait pas réduit sa morale à ces préceptes de la passivité monastique: fuir, se taire et rester inactif, et il n'aurait pas dit que les ornemens d'un homme vraiment religieux sont un visage pâle, un corps ruiné par la macération, et une démarche humble et basse [10]. Cependant, abstraction faite de ces faiblesses, nous avons trouvé en lui des choses admirables de sentiment et de poésie; nous ne citerons que sa brillante description du ciel, et les couleurs sombres et presque dantesques dont il s'est servi pour faire sa peinture

8 Gœrres *Einleit.*, etc. CXLI.
9 *Vita*, 474, etc.
10 *Ib.*, 550.

de l'enfer[11]. S'il ne s'adressait pas à Dieu l'invisible, il serait le plus aimable des troubadours[12].

Quant à ses idées particulières sur le mysticisme, il les a puisées en grande partie dans Denis l'Aréopagite. L'émanation et le panthéisme en sont le sens caché. Elles sont éparses dans ses différens traités, plutôt ascétiques que spéculatifs; jamais il n'a songé à les réduire en théorie. Dans son dialogue sur *la Vérité*, il a essayé en quelque sorte d'en exposer la métaphysique; mais il est peu original, et a peu qui ne se trouve déjà chez Denis ou chez S. Bernard. Il est possible aussi qu'il se soit approprié quelques opinions de Tauler, ou plutôt de maître Eckart, qu'il a vu parfois dans ses songes[13].

Dans son essence naturelle, l'âme est une image de la Trinité, un miroir de Dieu. Ce miroir a été terni; car l'âme, créature intelligente et libre, au lieu de rester fidèle au principe de son existence, a voulu trouver son bonheur en elle-même; de là l'amour du moi, la source du péché. L'homme est donc vicieux et fautif; le monde est une vallée de misères, qui n'a que des joies de courte durée et des douleurs sans fin. Mais comme tout ce qui est créé tend vers son origine, l'homme aussi a un désir de Dieu que rien ne peut satisfaire; le monde entier ne saurait combler ce désir; ce serait verser une goutte dans un océan. Un seul nom est donné à l'homme pour son salut: celui de Jésus-Christ. L'image divine se rétablit en nous, quand nous l'imitons, non-seulement dans sa vie, mais encore dans sa passion et ses douleurs. Il faut crucifier l'âme, mortifier la chair, détruire la sensualité, la cupidité, les facultés naturelles et sensi-

11 *Dial. sap.*, 62 et suiv.

12 Hase, 53. « *Er hatte von Jugend auf ein minnereiches Herz, das sich um aller Creatur Trauer kümmerte. Er ist wie ein schwæbischer Minnesänger, aber seine Minne ist die ewige Weisheit, der im jugendlichen Glück er huldigt. Darnach martert er sich lange Jahre, bis all seine Natur verwüstet ist, Gott sendet ihm noch grössere Trübsal, aus der die Gelassenheit göttlicher Liebe hervorgeht, und sich in die göttliche Weisheit einsenkt, die aller Creatur Wesen ist.... In seiner Liebeswärme ist ein kraftvoller sittlicher Geist, der alles verlorne um ihn her zu retten sucht.* »

13 *Vita*, 453.

tives, dépouiller l'âme de toute image et idée, supprimer la volonté, se mépriser, s'oublier soi-même, se séparer du monde, et mourir ainsi avec Jésus-Christ. L'abnégation, la patience, la dépression la plus profonde, l'anéantissement complet du moi, voilà les meilleurs moyens pour élever l'âme à une silencieuse contemplation, dont la Sagesse soit l'objet unique et perpétuel. Heureux celui qui y arrive par la voie des afflictions, et qui peut supporter avec résignation tous les tourmens, même l'absence de Dieu et la privation de sa grâce! Les exercices inférieurs, tels que la pauvreté, les jeûnes, les flagellations, sont indispensables pour monter à Dieu; mais ils n'ont pas de valeur par eux-mêmes, ils ne portent leurs fruits que lorsqu'ils sont combinés avec les trois exercices supérieurs : *la purgation*, qui consiste dans le bannissement de toute créature et image, même de celle des anges; *l'illumination*, qui est la clarté remplissant l'âme ainsi simplifiée; *la perfection*, ou l'union des facultés dans leur origine, par la contemplation, l'amour, *l'excessus mentalis*, la jouissance du Bien suprême, autant que la faiblesse et la pesanteur du corps le permettent.

Un seul à peine entre mille arrive à ce degré, où l'on jouit d'un avant-goût de la félicité éternelle. Ceux qui aiment la Sagesse sont à leur tour embrassés par elle dans une étreinte ineffable; ils diffluent avec elle dans l'Unité suprême où ils sont absorbés dans un amour sans nom, sans formes et sans paroles; ils acquièrent la vraie liberté de l'âme, et rentrent dans le bien immense d'où ils sont émanés (*profluxerunt*). Ils ne pèchent plus; Dieu opère tout en eux; leur volonté cesse avec leurs passions; leur homme intérieur n'a plus de communication avec l'homme extérieur; ils mangent, boivent, dorment comme nous tous, mais sans savoir ce qu'ils font, sans jouir du plaisir des sens. Leur seule volupté consiste à se sentir en Dieu et à se noyer dans un néant où Dieu leur est tout en tout. Ici bas l'entrée (*intromissio*) dans ce néant, le *raptus in Deum*, sa possession parfaite, sont impossibles; l'âme ne peut en avoir qu'un avant-goût (*prægustatio*), qui toutefois lui procure tant de félicité, qu'elle ne songe plus si elle est une créature ou ce néant même, si elle est unie à Dieu ou non; elle s'y repose, s'y endort, et ne conserve plus la moindre trace d'une idée. Quand la contemplation est devenue sa vie, elle comprend peu à peu deux choses contradictoires réunies dans le même sujet, c'est-à-dire le néant éternel et l'existence dans le temps; elle apprend à se représenter comme une avec ce qui n'est rien de tout ce qu'on pourrait dire ou penser. Les mystères de la nature divine et de la création lui sont découverts; elle sait des choses qu'aucun docteur n'a jamais sues; Dieu est pour elle un esprit pur, une substance simple et éternelle, sans avant ni après, le bien suprême et incompréhensible, se communiquant à chaque créature; tout ce qu'on peut imaginer d'aimable, de gracieux, de beau, est inhérent à ce bien, qui est lui-même sa vie et son œuvre. Il est sans nom, car sa nature nous est cachée, et le nom doit exprimer la nature de la chose; il n'est rien de ce que notre raison lui attribue, tout cela n'étant que limitation, négation de lui. Il est, à vrai dire, le rien, le néant éternel (*nihilum æternum*), quoiqu'il soit en même temps l'Être par excellence (*superessentialissimum ens*). Ce *nihilum* est la lumière idéale de l'unité divine, l'*interminabile ubi* de Dieu, qui est tout en tout et hors de tout, pareil à un cercle dont le centre est partout et la circonférence nulle part[14]. Son essence est un abîme de joies et de délices, dont la jouissance sera la félicité des âmes élues. Les traces de son amour se voient de toutes parts dans ses œuvres; car il est l'origine dont dérivent les émanations. L'homme, ainsi que toutes les créatures, ont été en lui dès l'éternité, à l'état d'idées, dont la nature divine elle-même est le type. Ces idées sont éternellement Dieu en Dieu; elles ne sont pas distinctes de lui *essentialiter*, mais ne forment avec lui qu'une même vie, une même essence, une même puissance (*potentia*); elles ne

[14] *Dial. ver.* 323. cap. XVIII. « *Ubi sit Deus.* » 330.

sont pas moindres que lui, mais lui sont parfaitement identiques. Par l'acte de la création, elles sont émanées, effluées de lui; chacune s'est constituée en substance propre, distinguée par une forme particulière; la forme est le principe des différences entre elles, mais celles-ci ne sont que contingentes; en Dieu tout est identique, et la créature, considérée comme étant en lui, n'est plus créature. De cette manière il y a une émanation continuelle des créatures les plus élevées jusqu'aux plus basses, et un retour de celles-ci par les premières, en Dieu, dans le néant duquel la pluralité redevient unité. Un plus grand mystère est encore révélé à l'âme contemplative, le plus grand de tous, celui de la Trinité. Elle demande: D'où vient la Trinité dans l'unité absolue? Et la Sagesse lui répond: Plus une substance est simple en elle-même, plus ses opérations sont variées et multiples; ce qui n'a rien ne peut rien donner; ce qui a tout, est inépuisable. Sa bonté infinie engage ainsi Dieu à ne pas jouir seul de sa félicité; il fait effluer cette bonté de lui-même; de là résulte alors la différence des personnes, dans laquelle il y a la plus parfaite consubstantialité (*conjunctissima consubstantialitas, identitas essentiæ*). Le Père se reconnaît par son intelligence; il exprime cet acte par le Verbe, qui est son Fils. Le Père se reconnaissant comme Bien suprême, s'aime et aime en lui son Fils : cette mutuelle émanation d'amour est le Saint-Esprit, le lien du Fils et du Père. Le Père est le principe de l'existence divine. En lui, la Divinité est Dieu. La *Divinité* est le fond où il n'y a ni génération ni opération; tandis que *Dieu* crée et agit. Dans l'Origine, la Trinité n'est donc qu'une Unité indivisible; cette Origine est l'abîme de la nature ou de l'essence de la Divinité; en elle, il n'y a aucune action au dehors, mais rien qu'une obscurité sans fin, *tranquilla et introversa caligo.*

Tout cela n'est en grande partie qu'une reproduction d'idées déjà connues; nous l'avons dépouillé de sa forme allégorique, trop souvent obscure ou profane.

Dans son expression, le mysticisme de Suso n'est autre chose que le débordement d'une âme enivrée, jouant avec la majesté divine, dont elle méconnaît étrangement la nature éternelle et invisible[15]. La vie de Suso n'a été qu'une longue illusion; il est resté un enfant jusque dans sa soixantième année; jamais il n'a pu s'élever à la hauteur de Tauler, qui ne craignit pas même de braver l'excommunication du pape. Toutefois nous ne le jugerons pas avec trop de sévérité; car sa vaporisation des idées divines en un *nihilum æternum*, sa destruction du moi humain, ainsi que son funeste principe de l'impeccabilité des parfaits, quoi qu'ils fassent de leurs corps[16], sont rachetés par un profond sens moral, par une touchante sympathie pour les souffrances de toute créature. Les effroyables calamités de son époque, les malheurs du peuple chrétien, tantôt iniquement excommunié, tantôt visité par la peste, avaient frappé son imagination, et l'avaient rempli d'une immense douleur. Tout ce qui souffrait le touchait; toute plainte poussée autour de lui trouvait un écho dans son âme, et lui arrachait un cri d'angoisse ou une prière à Diéu pour implorer ses miséricordes. Plein de foi et d'amour, il veut lui-même s'offrir en sacrifice, et mourir pour l'Église corrompue, afin d'apaiser la colère de l'Éternel. Il ne conçoit pas même la grandeur du mal; il croit les hommes, et surtout les ecclésiastiques, incapables des crimes qui se commettaient alors dans la chrétienté[17]. Il veut rendre la paix à la terre; tout ce qu'il fait tend à cette fin; mais bientôt le dégoût le prend, et voyant l'inutilité de ses efforts pour sauver le monde, il rentre de nouveau en lui-même, et sa douleur s'exhale en des plaintes qui vous émeuvent profondément. Plusieurs fois il reprend ainsi son œuvre de pacification; dans ses sermons, il prêche avec entraînement le retour à Dieu, et on dit qu'il était célèbre en Souabe et en Alsace par la chaleur de son éloquence[18]. Un de ses

[15] V. p. ex. sa peinture du bien suprême, „*Summi boni depictio.*" *Dial. sap.* 46—48.

[16] On sait à quels égaremens peut conduire l'application de cette doctrine; l'histoire contemporaine n'en a malheureusement que trop à raconter.

[17] Cf. *Vita*, 517. — *Dial. sap.*, 38, 39. — *Serm.*, 178.

[18] Murer, 285. Quand il voulait exciter l'attention du peuple, il s'écriait, en faisant al-

écrits a été en particulier composé dans ce but; il est intitulé : *Le Livre des neuf rochers*. Ce livre, bien que monotone quelquefois, est singulièrement remarquable, et rappelle en plusieurs endroits, par l'ardente imagination qui y règne, les immortels poëmes de Dante. On nous permettra de nous y arrêter quelques instans[19].

En 1352, Suso eut une vision, dans laquelle Jésus-Christ lui annonça qu'il allait lui dévoiler la corruption de l'Église, en lui ordonnant d'écrire tout ce qu'il verrait[20]. Suso le pria de lui éviter la douleur de parler des vices et des maux des hommes; « car, dit-il, à quoi cela leur servira-t-il? ils ont des livres sans nombre et une foule de docteurs, et néanmoins chaque parole qu'on leur dit est jetée dans le vent, et nul ne s'en soucie. » Mais le Christ le menace de sa colère, et, saisi de terreur, il obéit. Alors lui apparaissent dans d'éclatantes visions des tableaux qui l'effraient de plus en plus. Affligé de ce triste spectacle, il offre sa vie à Dieu, afin qu'il prenne pitié des hommes, et que l'Église se réforme[21]. Le fils de l'homme lui répond : « Que servirait ton sacrifice, quand moi-même j'ai versé tout mon sang, et que j'ai souffert la mort la plus ignominieuse, sans que les hommes en aient retiré le moindre fruit? Peu s'en faut que tous ne m'aient oublié; et s'ils se souviennent de moi, ce n'est que pour vomir des blasphèmes. » Là-dessus il fait passer devant ses regards tous les membres de l'Église, depuis son chef jusqu'aux habitans des campagnes. Il censure amèrement l'ambition et la cupidité des papes[22], l'orgueil des cardinaux, les spoliations et la vie

lusion à son nom : „*Nun wohlan, merket auf, denn der Seuss will sæussen!*" ou quand il prêchait contre les vices : „*Da muss der Seuss sæussen dass euch die Ohren sæussen!*»

19 Cf. Gœrres, *l. c.* XLIII, et suiv.

20 *De novem rupibus*, 351. «.... *Quin ipse jam videas oportet, quibus periculis ecclesia obvoluta est, utque hac tempestate vivant Christiani omnes contra leges, constitutiones et decreta omnia, divini timoris prorsus immemores ac expertes.*»

21 *Ib.* 353. «.... *Quæ quidem vehementissime eum perterruerunt tantaque eum cepit hominum errantium miseratio, ut ingens eum occuparet dolor et angustia, et lachrymarum imbres profunderet....*»

22 *Ib.* 355. « *Vide num quid majori eis curæ sit, quam ut honor suus integer ipsis permaneat.*

mondaine des évèques, les mœurs dépravées des moines et des nonnes, l'insouciance et la vanité des docteurs. Il s'élève avec une sainte indignation contre l'insolence des rois et des empereurs qui ont oublié Dieu, contre la tyrannie des nobles et des chevaliers, contre la bassesse des habitans des villes et la barbarie des paysans; et sa peinture de l'impudicité des femmes[23], achève l'effrayant tableau d'une corruption tellement profonde, que si Dieu voulait punir le monde, il ne pourrait jamais cesser de tuer et de détruire[24].

Après cela il aperçut une montagne d'une hauteur extraordinaire, d'où s'élevaient neuf rochers immenses, l'un toujours plus haut que l'autre, habités par les chrétiens. Cette vision est une description allégorique des différentes classes d'hommes par rapport à leur piété dans cette vie; elle étale une grande richesse d'imagination, quoique les différences entre les neuf rochers ne soient pas assez tranchées.

Son guide céleste le saisit par la main, et le transporte sur la plus basse de ces roches d'où son regard peut embrasser toute l'étendue du globe. Il voit un énorme réseau qui couvre la terre, et d'où ne surgit que la montagne. Une multitude d'hommes se meuvent sous le réseau; ce sont ceux qui ont commis des péchés mortels; d'autres, d'un aspect livide, comme s'ils avaient été long-temps ensevelis, passent leurs têtes à travers les mailles, et parviennent à gravir la première roche; ce sont ceux que le repentir a délivrés du pouvoir des démons, mais qui néanmoins sont encore tièdes, et se contentent de ne pas commettre de grands crimes. Pour cette raison, ils re-

Vide quanta eos sui cura occupet, quo multas sibi cumulent opes, quo cognatos et propinquos suos ad honores, divitias, dignitates ac dominia provehant, potius quam ex animo Dei spectent honorem. Imo vero se ipsos et quæ sua sunt, potius quam ecclesiam spectant in omnibus quæ vel agunt, vel omittunt. Atque ea ratio est, cur jam inter sanctos minime referantur. »

23 Ib., 371. « *Vide quam turpiter, quam obscæne ac impudenter modo in virorum omnium aspectu ingredientur. Si scorta olim tam nuda incessissent, honestæ mulieres ex animo erubuissent....* »

24 Ib., 375. «.... *Ut nunquam posset aliud quam cædere et trucidare. Quod tamen forsitan brevi eveniet!....*»

tombent souvent dans le réseau fatal, séduits par Satan qui, semblable à un monstre horrible, serait assez fort pour tirer après lui le monde entier attaché à sa chaîne, si quelques saints hommes n'étaient là pour l'en empêcher. Quelques-uns arrivent du premier rocher au second, où ils sont déjà revêtus de tant de clarté, que Suso peut à peine en supporter la vue. Ce sont les hommes qui domptent leur chair, et qui se détournent du monde, mais qui n'ont pas encore renoncé à l'amour du moi.

C'est ainsi qu'il y a une ascension continuelle de roche en roche, à travers une longue série de purifications ; sur chacune l'homme dépose un vice ou une erreur ; elles deviennent de plus en plus hautes et difficiles à aborder ; mais aussi de plus en plus belles et ravissantes ; l'éclat de la lumière augmente, mais en même temps le nombre des habitans diminue ; peu seulement ont le courage de résister jusqu'à la fin aux tentations du démon, qui ne cesse de leur tendre ses piéges. Le neuvième rocher enfin est d'une hauteur si prodigieuse, que de son sommet il touche le ciel ; il est plus vaste et plus magnifique que tous les autres pris ensemble ; car c'est ici qu'est la porte qui conduit à l'Origine, d'où sont émanées toutes les créatures du ciel et de la terre. Les habitans de ce plateau resplendissent comme des anges ; la grâce dont Dieu les orne est si grande, qu'elle rayonne autour d'eux sans qu'ils le sachent, et sans même qu'ils désirent de le savoir. Leur nombre est petit, mais ils sont les piliers sur lesquels Dieu établit son Église, et s'ils n'étaient pas, Satan entraînerait le monde entier dans son infernal réseau. Ils ne craignent ni l'enfer, ni le purgatoire ; ils ont déposé toute crainte servile aux pieds de la croix, et ils aiment tous les hommes également en Dieu. Ils entrevoient l'Origine éternelle, et cette contemplation verse en leur esprit tant de joie et de lumière, qu'ils ne connaissent plus ni les temps ni les espaces.

Du faîte de ce rocher, où il a été permis à Suso de jeter un regard dans le fond de l'Origine, le Christ lui montre une dernière fois les neuf immenses degrés et le réseau étendu à leur base. Il y voit deux hommes, dont l'un est beau et lucide comme un ange, et dont l'autre est noir et semblable à Satan. Celui-ci avait été habitant de la neuvième roche, mais ayant voulu être quelque chose par lui-même, il fut de nouveau précipité dans l'abîme, où, dans son orgueil, il s'est fait le père des hérésies. L'autre, après avoir joui de l'aspect de son Origine, fut rempli de tant d'amour et de compassion pour ses frères, qu'il est volontairement redescendu sous le réseau, pour sauver les pêcheurs et les rendre à Dieu. Dans les premiers temps de l'Église de pareils hommes n'étaient pas rares, tandis que maintenant ils se perdent au milieu de la foule impie. Suso prie plus ardemment encore que Dieu prenne pitié de ses créatures ; mais il reçoit toujours la réponse : « Pourquoi aurais-je pitié d'eux ? ne vois-tu pas comment ils dédaignent mes volontés ? Je les ai avertis par les fléaux de la peste et de la guerre, mais ils ont constamment refusé de m'entendre ! » En prononçant ces désolantes paroles, le Christ se retire, la vision cesse, et Suso est en proie à une anxiété plus profonde que jamais.

CHAPITRE V.

Jean Ruysbroek, le docteur extatique.

Le patriarche des mystiques de ce siècle, est le vieillard flamand Jean Ruysbroek[1]. Cet homme, chez lequel le mysticisme spécu-

[1] La vie de Ruysbroek, écrite peu de temps après sa mort, par un chanoine régulier de son ordre, a été retouchée par Surius, traducteur de ses œuvres : *Rusbrochii sanctissimi divinissimique contemplatoris opera*, d'abord 1552, puis 1609. Col. in-4°. Ruysbroek a écrit en langue flamande. Ses principaux ouvrages sont : *Speculum aeternae salutis; commentarii in tabernaculum foederis; libri 3 de ornatu nuptiarum spiritualium.* Ce dernier a été traduit en latin par un inconnu (Par., 1512, chez Henri Etienne), sous le nom de Jean Rus-

latif et subtil s'est élevé à sa dernière puissance, naquit en 1293 au village de Ruysbroek, entre Bruxelles et Hall. Dès l'âge de onze ans, son penchant pour la méditation religieuse lui fit quitter sa pieuse mère, pour aller à Bruxelles auprès d'un chanoine régulier de Saint-Augustin, son parent. Celui-ci l'envoya dans une école, où il resta quatre ans, et où il prit déjà la résolution de se vouer à la théologie. A en juger par son érudition très-médiocre, il paraît qu'il eut peu de goût pour les études sérieuses; la contemplation, la rêverie furent sans doute les plus chères occupations de sa jeunesse, et lui firent préférer de bonne heure la solitude et le silence au bruyant commerce des hommes.

Cependant ce ne fut qu'à l'âge de soixante ans, après avoir été jusqu'à cette époque curé de Sainte-Gudule à Bruxelles, qu'il se retira du monde, accompagné de quelques amis, et qu'il fonda dans la forêt de Soignies le monastère des chanoines réguliers de Grœndal (*viridis vallis*), dont il fut le premier prieur. La vie qu'il mena dans cette retraite fut humble et silencieuse, véritable modèle de vertu ascétique. L'état de moine était à ses yeux la perfection de l'homme, puisque le moine est exempt des troubles de la vie active, et qu'il peut se livrer sans obstacle à la contemplation des choses divines. Lui-même, quand il voulait s'inspirer, allait se retirer dans quelque réduit de la forêt, où, seul avec Dieu, il se perdait dans des extases, et croyait que le Saint-Esprit lui dictait chacune des paroles qu'il écrivait[2]. Malgé ses fréquentes visions, où Jésus-Christ lui apparaissait accompagné de sa mère et de tous les saints, il était néanmoins

berus; c'est là sans doute la traduction (fautive d'après Surius) que Gerson a eue sous les yeux quand il a fait la critique du mysticisme panthéiste de Ruysbroek. V. encore sur lui : Foppens, *Bibl. belgica*. Brux. 1739, in-4°, t. II, 720 et sq., et Baile, IV, 105 et suiv. — G. Arnold a retraduit Ruysbroek en allemand d'après Surius. Offenbach, 1701, in-4°.

[2] *Vita* 7. Un jour étant ainsi dans la forêt assis sous un arbre, et ravi en extase, il ne s'aperçut pas que la nuit était arrivée; les frères du couvent, inquiets de son absence, se dispersent dans la forêt pour aller à sa rencontre; à la fin ils voient de loin un arbre tout entouré de lumière, sous lequel le vieillard contemplatif était assis.

tenté par le démon, qui venait l'attaquer quelquefois sous la forme du doute; preuve, que même chez les mystiques les plus accomplis, la raison ne peut jamais entièrement être étouffée.

Le vieux prieur de Grœndal, qui ne savait pas assez de latin pour écrire dans cette langue[3], a pourtant eu tant d'autorité par sa vie austère et dévote, qu'il est devenu le réformateur de son ordre dans les Pays-Bas. La renommée de sa sainteté attirait une foule de docteurs et de clercs de la Flandre, des bords du Rhin, et même de Paris, qui venaient s'entretenir avec lui sur les mystères de la contemplation. Tauler surtout l'a visité plusieurs fois dans ses voyages; sans être précisément son disciple, il a adopté quelques-unes de ses idées, et a même inséré dans ses écrits des extraits assez longs de ses ouvrages[4]. C'est Ruysbroek aussi qui a fourni à Gérard Groot l'idée de sa belle association des Frères de la vie commune. Mais quand on parle d'une puissante influence qu'il aurait exercée sur le peuple, il faut entendre cela bien plutôt de son exemple que de ses écrits uniquement destinés pour des moines et des nonnes. Il mourut en 1381, âgé de quatre-vingt-huit ans. Aussitôt la vénération superstitieuse du peuple et des frères de son couvent s'empara de sa vie, et au lieu d'en conserver les événemens les plus remarquables, elle n'en fit qu'un tissu de miracles et de prodiges. Du reste c'était là un sort commun à tous les hommes, qui dans le moyen âge se distinguaient par une ardeur ou une piété plus qu'ordinaire; à peine étaient-ils morts, que la superstition populaire se souvenait de signes prophétiques, qui auraient annoncé dans l'enfant sa destination et sa gloire future, ou bien d'apparitions merveilleuses dont auraient été accompagnée leur mort. C'est ainsi que le fameux prédicateur Vincent Ferero a déjà crié dans le sein de sa mère, et qu'on l'en-

[3] Joh. de Schœnhavia *contra Gerson*, *in* Gersonis *opp.*, *ed.* Dupin. Antw. 1706, fol. I, P. I, 66.

[4] Tauler a intercalé dans sa *Medulla animae* quelques chapitres du livre de Ruysbroek *de praecipuis virtutibus*.

tendait dans la Bretagne quand il prêchait dans la Provence; c'est ainsi que saint Thomas d'Aquin planait dans l'air au-dessus des autels, et que Ruysbroek, à peine âgé de sept jours, a déjà pu se tenir debout sur ses pieds, et qu'après cinq ans d'inhumation son cadavre a rempli une église des odeurs les plus suaves.

Il y a peu de mystiques qui se soient autant égarés dans les obscures régions de l'infini, et qui aient fait de plus grands efforts pour s'en procurer des intuitions, que Ruysbroek le docteur extatique; aussi Denis le chartreux l'appelle-t-il souvent un second Denis de l'Aréopage[5]. Il part de l'idée de l'Absolu qui est Unité et Trinité, et ramène le but de l'homme au renoncement à toute créature et à la rentrée dans l'Absolu. Il reconnaît une étincelle divine dans l'homme, mais il ne sait pas comment allier cette idée avec le dogme augustinien de la dépravation originelle. Toutefois cette difficulté ne l'arrête point; la vivacité de son imagination, sa grande puissance abstractive, l'emportent au-delà des bornes de toute pensée, et l'union essentielle avec Dieu, les transports de l'amour et de la contemplation, que d'autres mystiques indiquent comme le dernier terme que l'âme puisse atteindre, ne sont pour lui qu'une transition à un état plus sublime encore, à un état *superessentiel*. Il veut parvenir à la plus abstraite liberté des enfans de Dieu, où il n'y ait plus aucune trace de volonté ou d'activité propre, et où les âmes s'annihilent dans une incompréhensible unité avec Dieu[6]. Bien qu'il ne cesse de réclamer le bannissement total de toute image ou forme, il n'a pu s'en délivrer lui-même; c'est là une des grandes contradictions des mystiques, qui veulent s'élever au-dessus de l'imagination, mais qui

[5] Gieseler, t. II, P. II, p. 227. — Hase, 353. « *Er leitete seine Schriften aus göttlicher Eingebung her, beschrieb die heilige Liebesraserei nur als einen Durchgangspunkt, das hœhere Leben als eine ewige Geburt des Sohnes und Ausgiessung des H. Geistes in uns, warnte vor geistlichem Müssiggange, priess aber in orientalischer Weise die Ekstase als den Zustand des höchsten Seyns, wo der Mensch von allen Bildern und Hullen des eigenen Daseyns erlöst im unerschöpflichen Abgrunde der göttlichen Liebe eins wird mit Gott.* »

[6] Dewette, *christl. Sittenl.* 237 et suiv.

ne peuvent le faire qu'au moyen de cette imagination même. Ruysbroek rejette tous les noms et tous les symboles de Dieu ; mais quand il le représente comme une clarté immense ou comme des ténèbres insondables, il n'emploie encore que des images, qui de plus sont extrêmement vagues et loin de toute idée claire et philosophique. En général, il faut le dire, nous avons vainement cherché une pareille idée chez lui; d'ailleurs, d'où aurait-il dû la prendre? Il n'avait aucune connaissance ni des anciens ni des langues sacrées ; sa littérature se bornait à l'étude d'Augustin, de Denis l'Aréopagite et de quelques autres Pères ou scolastiques. Il a tout puisé dans son esprit éminemment contemplatif, et dans son profond besoin de Dieu. Il est moins sentimental que Suso, et moins philosophique que Tauler, mais plus subtil qu'eux et en même temps plus méthodique. Son expression est pleine de métaphores et d'allégories souvent minutieuses et triviales [7], et presque toujours obscures. Il n'a pas même évité l'écueil de la théosophie, et comme plus tard Swedenborg, il accorde aux anges une influence directe sur les hommes [8]. Cependant une haute moralité perce à travers toutes ses spéculations; les plus beaux préceptes de charité sont souvent mêlés aux règles ascétiques les plus rigoureuses [9] ; il blâme la paresse spirituelle, et déplore la corruption de l'Église, qu'il voudrait ramener à sa simplicité primitive. Trois péchés, dit-il, accablent le clergé de son temps, la tiédeur, l'intempérance et

[7] *Spec. aet. sal.*, 19. — *Comment. in tab. foed.*, 199 et suiv. Sous l'ancienne loi l'homme avait neuf taches originelles, correspondant à neuf difformités du corps : 1° *superbia, caecitas;* 2° *avaritia, claudicatio;* 3°, 4°, 5°, *immodica fiducia, defectus caritatis, pigritia, magnus, parvus, tortus nasus;* 6° *tenacitas, gibbus;* 7° *ira, ruptura;* 8° *luxuria, scabies;* 9° *impura conscientia, impetigo in corpore et facie.* — Il s'occupe surtout de l'explication allégorique et mystique de l'arche sainte, du tabernacle de l'alliance, sujets favoris des mystiques du moyen âge. Mais il ne paraît pas que pour son commentaire, dont il ne prend pas même le texte dans la Bible, mais dans la *Historia scolastica* de Petrus Trecensis, il se soit servi du livre *de arca mystica* de Richard de S. Victor. — Dans le traité *de vera contempl.*, 627 et suiv., il a une suite d'allégories mystiques tirées de l'astronomie.

[8] *De 7 gradibus amoris*, 401, etc.

[9] *Ib.* 392.

la luxure[10]; les prélats, oubliant leurs devoirs, s'adonnent à la volupté et à la simonie; les moines mènent une vie dissipée, et les abbés et les évêques parcourent le pays, armés et à cheval, pour guerroyer contre leurs vassaux[11]. Mais malgré ces sujets de plainte, il ne voit pas de salut hors de la foi catholique, et la soumission au pape est, à ses yeux, le premier devoir d'un chrétien[12]. Aussi a-t-il combattu sans cesse les sectes qui protestaient contre la tyrannie de Rome, notamment les Frères du libre-esprit, qui dans les Pays-Bas, comptaient de nombreux partisans[13]. Sous le rapport de la doctrine, il n'était pas très-éloigné du panthéisme de ces sectaires, et plusieurs fois il a dû se défendre lui-même contre l'imputation de partager leur hérésie, en confondant la créature et le créateur, et en ne distinguant plus entre Dieu et l'âme unie avec lui[14]. Trente ans après sa mort il fut encore critiqué sur ce point par Gerson, dont le principe était, que, pour comprendre les choses de la contemplation, il ne suffit pas d'être pieux et dévot, mais qu'il faut aussi avoir beaucoup étudié et beaucoup vécu[15].

Ruysbroek a un langage mystique désespérant; plusieurs fois, pendant la lecture de ses traités, nous avons dû renoncer à une parfaite compréhension de ses idées. Nous prions donc nos lecteurs

10 *De vera cont.*, 669.

11 *Ib.*, 654, 659. — *Comm. in tab.* 276. — *De 7 custodiis*, 384 et suiv.

12 *De fide et judicio*, 347.

13 *De 7 custodiis*, 378.

14 *Spec. aet. sal.*, 64, ainsi que tout le traité intitulé *Samuel, s. de alta contempl. apologia, de unione dilecti cum dilecto*, 739 et sq.

15 *Epist.* Gersonis *ad fr. Barthulom. Carthus. super tertia parte libri J. R. de ornatu spir. nupt. in Gers. opp.*, t. I, P. I, 59. Gerson blâme Ruysbroek d'avoir dit que l'âme contemplative ne voit pas seulement la clarté de Dieu, qui est l'essence divine même, mais qu'elle devient elle-même cette clarté. Malgré l'apologie de Jean de Schœnhavia, *libellus ad defensionem dictorum J. R. contra mag. J. de Gerson* (*ib. p.* 63), Gerson persista à déclarer que « *si tales locutionum modos publicari perciperem apud almam universitatem Parisiensem, vel per sermones vel per scholas, deducerem protinus, ex officio cui indignus inservio, ad censuram theologicæ facultatis ut examinaretur, et examinata suum quale mereretur judicium sortiretur.* » *Gers. ad Fr. Barthol. contra defens. J de Sch. Ib.* 78.

de ne pas nous en vouloir, si nous manquerons de clarté dans l'exposition de choses aussi abstruses et aussi nébuleuses; on sait du reste combien l'obscurité mystique et la clarté de la science se contredisent.

L'essence de Dieu est sans mode; elle ne peut être exprimée ni par des paroles, ni par des actes, ni par des figures, ni par aucune espèce de similitude. La raison ne peut s'en faire une idée que lorsqu'elle est ravie au-dessus d'elle-même par une illumination surnaturelle. Alors elle se représente Dieu comme un immense foyer de la lumière la plus ardente, où tout est réduit en un feu immobile et éternel; ou comme un océan profond, tranquille, inépuisable, où les âmes se noient dans une incompréhensible fruition de Dieu. Il est le centre vers lequel convergent toutes les créatures, et où elles perdent leur nom et leur différence, devenant un avec lui dans le point intérieur. Cette essence divine peut être appelée Origine. Là le Père est dans le Fils, et le Fils dans le Père; le Fils est dans la substance du Père *filialiter et ingenitus*, comme fruit de la nature paternelle; sa naissance est éternelle ainsi que la génération du Père, mais par l'acte de cette naissance, le Fils se produit comme seconde personne de la Trinité, émanant perpétuellement de l'Origine. L'amour qui unit le Père et le Fils est le Saint-Esprit, effluant en chaque créature susceptible de le recevoir. Dans la fécondité de leur nature, les trois personnes sont un *Dieu* toujours agissant; dans la simplicité de leur essence, elles sont la *Divinité* et la Béatitude; de sorte que dans les personnes Dieu est une opération éternelle, et dans l'essence, une inaction, un repos sans fin (*otium et vacatio*). Entre cette opération et cet *otium* se placent l'amour et la fruition; le premier voulant toujours agir au dehors, et l'autre désirant sans cesse de jouir du repos. Un acte de l'opération a donné lieu à la création, qui d'après cela doit être éternelle. L'âme humaine en est également un produit: elle est créée à l'image de la Divinité, et a donc deux désirs, l'un de l'action, l'autre de la fruition ou de la félicité. Dans sa partie la plus excellente, qui est l'origine de ses facultés supérieures (mémoire, intelligence et volonté, ou faculté amative, les mêmes qu'adopte aussi Tauler), elle est un miroir qui ne peut réfléchir d'autre image que celle de Dieu. Ce miroir, constamment tourné vers Dieu, devient lui-même éternel avec l'image qu'il renvoie; Dieu nous a connus dans cette image avant la création; elle est dans tous les hommes essentiellement et personnellement, et elle fait que nous sommes unis dans notre type éternel, qui est le Fils ou le Logos. Comme reflet de la Trinité, l'âme a trois propriétés, unies dans leur nature : 1° la nudité essentielle et dégagée de toute forme, nous rendant semblables au Père; 2° la raison supérieure ou l'intelligence, miroir où nous recevons la vérité et la génération du Fils; 3° l'étincelle de l'âme, où nous nous unissons par l'amour du Saint-Esprit à l'Unité divine. Ces propriétés ont été obscurcies par le péché ou l'amour du moi; on leur rend leur clarté originelle, non par des subtilités ou des raisonnemens, mais par la pratique des vertus et la contemplation de l'Absolu.

Par rapport à ces moyens de salut, les hommes qui les emploient se divisent en trois classes. Toute la spéculation de Ruysbroek ne s'occupe pour ainsi dire qu'à établir les différences entre ces classes, et surtout à en dépeindre la plus élevée, celle des hommes illuminés.

1° Les hommes de bonne volonté, les commençans, dont la vie est encore active (*vita incipientium, activa s. actuosa*). Par des luttes continuelles, ils aspirent à la vertu et tâchent de mourir au vice; la charité et la fuite du monde sont leurs premiers devoirs; leur volonté doit devenir un instrument entre les mains de Dieu. La plus haute connaissance de l'Infini à laquelle ils puissent arriver, consiste dans l'aveu qu'ils ne peuvent ni le comprendre, ni le connaître. C'est là le premier pas vers la vie affective.

2° Les hommes intérieurs (*homines interni*); la vie active est élevée à l'état de vie affective (*vita affectiva s. elevata, vita proficientium*). On y arrive par l'affranchissement de l'âme des images (*denudatio cordis, interna abstractio*), par la soumission volontaire au monde, par la pauvreté spirituelle, par l'humilité, qui consiste en obéissance, en mansuétude, en patience et en abnégation de la volonté propre; en un mot, par une secrète descente en nous-mêmes pour nous détacher de la création, pour renoncer à l'activité et pour nous élever même au-dessus de la vertu [16]. Ceux qui ne peuvent pas se résoudre à une vie austère et ascétique, ne doivent pas craindre pour cela que Dieu les repousse; ils n'ont qu'à imiter Jésus-Christ dans la charité, et à unir toutes leurs facultés dans l'unité de l'amour, pour parvenir également au but qu'ils désirent. Les hommes de cette classe acquièrent la véritable liberté avec Dieu; ils deviennent indifférens à tout ce qui tient de la terre, à la joie et à la douleur, à la vie et à la mort. Leur intuition de Dieu les enivre; cette ivresse se trahit tantôt par des bonds bizarres, tantôt par des chants, tantôt par des larmes et des frissons, tantôt par des cris ou bien par un profond silence. Les uns sont ravis en extase et ont des visions; d'autres entendent des paroles prophétiques; d'autres encore se croient entourés d'une lumière subite et flamboyante qui les éblouit. C'est la vie la plus délicieuse, non-seulement pour l'âme, mais aussi pour le corps, à cause de la chaste délectation qu'on en retire. L'âme a une soif perpétuelle d'amour qui la pousse vers Dieu avec violence. L'esprit de l'homme et celui de l'Éternel s'attirent, se rencontrent et se pénètrent dans un ineffable embrassement, pareils à deux corps enflammés, dont les flammes se confondent pour n'en former plus qu'une seule.

Arrivé jusque-là, on pourrait croire que le terme du mysticisme soit atteint; car que peut-on encore s'imaginer de plus élevé? Cependant on se trompe; cette ivresse, cette violence de l'amour extatique, où notre action consiste à aimer Dieu, et notre jouissance à le souffrir, tout cela est encore imparfait, et n'est qu'un pas de plus pour

[16] *Comment. in tab.*, 107, 112. — Tout le traité *de praecipuis quibusdam virtutibus*, 303 et suiv.

s'approcher de l'état le plus sublime, où Jésus-Christ fait son entrée définitive dans le cœur.

3° Les hommes illuminés (*sive sublevati*), dont la vie peut être appelée vie vitale par excellence (*vita vitalis*). Elle est au-dessus de l'espoir, de la foi et de toutes les vertus; elle est même au-dessus de la grâce; elle demeure perpétuellement dans le Père, émane de lui avec le Fils, et se réfléchit de nouveau dans sa nature avec l'Esprit saint. Elle est cachée en Dieu et dans la substance de notre âme; on peut la comparer à un magnifique abîme des trésors de la divinité, à une source inépuisable, dont les ruisseaux divers se répandent en toutes nos facultés. Ceux qui la possèdent meurent sans cesse dans l'amour, et s'annihilent dans l'unité avec Dieu; ils ne sont plus distingués que par la spécialité de grâces communiquées à chacun. On ne peut trouver ni dans le temps ni dans l'éternité quelque chose de comparable à cette vie qui nous révèle les plus sublimes mystères. La clarté dont elle nous environne éblouit le regard de la raison; mais au fond de l'intelligence est un œil spirituel toujours ouvert et levé vers la lumière divine. Il se tourne vers le miroir de l'âme et y voit sans aucun milieu l'image de Dieu; il est lui-même le miroir auquel Dieu a imprimé son image; toutefois il n'est pas cette image même, car Dieu ne saurait devenir une créature. Cette image est le Fils, la Sagesse, en laquelle nous avons préexisté et nous existons éternellement comme idées, sans cependant que nous soyons nous-mêmes cette Sagesse suprême. Nous n'en portons en nous qu'une empreinte dans cette faculté supérieure, qui peut s'appeler une étincelle céleste; là, dans notre nature simple, se renouvelle sans cesse la mystérieuse génération du Verbe, ainsi que l'émanation de l'Esprit, dans une union vitale et active avec Dieu. Nous devenons ainsi *un* esprit, *une* vie avec Dieu, bien que nous ne perdions jamais notre caractère de créatures. Notre contemplation, notre tendance vers Dieu, seront donc éternelles, puisque jamais nous ne pourrons franchir l'abîme qui sépare l'être créé de son Créateur.

Dans cette vie vitale on peut distinguer quatre points :

1° Sa nature, c'est-à-dire qu'elle est uniquement un don de la grâce, vu que la raison ne nous découvre que ce qui est moindre que Dieu.

2° La manière de la conserver par l'amour (*exercitatio*).

3° Son essence, consistant dans l'union avec Dieu, par une fruition sans fin, supérieure à l'amour et supérieure à toute action et passion ; Dieu seul y agit, tandis que nous-mêmes nous sommes inactifs (*otiosi*), et transformés en lui ; c'est là la couronne des vertus.

4° Sa *superessentia*. Dans le *status otiosus* de notre nature naît une contemplation superessentielle de la Trinité, un certain *sentir* impossible à dénommer. Veut-on savoir ce que c'est? c'est sortir de notre nature, vivre en mourant, et mourir en vivant, dans une béatitude infinie. Nous y sommes *un* avec Dieu, sans aucune espèce de milieu ou d'intermédiaire [17], dans l'abîme sans fond de son amour, où il nous suffit abondamment ; lui-même y jouit de nous dans sa nature la plus pure et la plus simple, qui est pour notre esprit une impénétrable obscurité. Nous sentons en nous un je ne sais quoi d'éternel et d'incompréhensible ; nous nous perdons dans une immense ignorance ; il n'y a plus de différence entre le Rien et le Quelque-chose, entre la créature et Dieu ; tout est un avec lui, tout est dissous, absorbé dans d'inaccessibles ténèbres. Les noces spirituelles pour lesquelles Jésus-Christ avait préparé l'âme dans les deux premiers degrés de la vie contemplative, sont maintenant célébrées ; c'est un *venir* perpétuel de l'époux, une révélation se renouvelant sans cesse. Nous sommes immergés et liquéfiés en Dieu ; son Esprit nous convie à une sainte contemplation, à une fruition béa-

[17] Pour expliquer cette union *sine medio*, il fait la comparaison suivante : «*Ignis ferrum penetrat, ita ut ignis actiones efficiat, ardet enim et lucet instar ignis... Non enim ignis transit in ferrum, nec ferrum efficitur ignis, sed horum unio medium non habet. Siquidem ferrum est intra ignem, et ignis intra ferrum, atque itidem aer est in solis lumine, et lux solaris in aere.*» *Apologia de alta cont.*, 745.

tifique ; le grand mystère de l'incompréhensible génération du Verbe est accompli par une simple intuition dans un présent sans fin, dans un *nunc* éternel. L'âme est transformée de clarté en clarté, elle est unie avec la clarté divine, et, s'il est permis de le dire, elle devient cette clarté même ; la pure image de la Trinité est rétablie, le Père se donne dans le Fils, et le Fils dans le Père, par l'ineffable amour du Saint-Esprit[18]. Toutefois, ce n'est encore qu'un délicieux avant-goût de la félicité à venir ; car, dans l'autre monde, après l'assomption de l'âme dans la gloire de Dieu, et la transfiguration du corps, nous aurons la jouissance de choses bien plus sublimes encore, et tout y sera sagesse, puissance et beauté[19].

Toute critique de cette théorie nous semble superflue ; elle n'est d'un bout à l'autre qu'une brillante hallucination d'une âme ivre de Dieu, qui dès ses premiers pas se précipite dans les gouffres les plus profonds de la mysticité. Ruysbroek nous a souvent rappelé les spéculations si obscures et si splendides à la fois des poètes de l'Orient ; sa doctrine paraît semblable à ces vapeurs qui le soir se lèvent à l'horizon et nous voilent le soleil ; celui-ci les colore de ses magnifiques reflets, et l'œil ébloui s'arrête un instant à en admirer les teintes ; mais les vapeurs annoncent l'approche de la nuit, et on aspire de nouveau à voir le soleil dans toute sa majestueuse clarté.

18 *De ornatu spir. nupt.* 508, 509. Pour donner un échantillon du langage de Ruysbroek, nous ajouterons ce qu'il dit p. 510 : « ... *Deliciosa hæc divinaque obviatio absque intermissione active in nobis renovatur. Pater namque sese dat in Filio, et Filius in Patre, idque in æterna quadam mutua complacentia ac amantissimo complexu....* » *Sic oritur* « *fruitivus quidam excessus et defluens in essentialem nuditatem immersio, ubi quævis Dei nomina, et modi ac vividæ rationes omnes in divinæ veritatis speculo relucentes, in simplicem illam ac innominabilem decidunt divinitatis essentiam, modi omnis ac rationis expertem. In hac namque inexhausta ac inscrutabili simplicitatis abysso, cuncta in fruitiva beatitudine complectuntur ; sed abyssus ipsa nunquam compræhenditur, nisi ab essentiali unitate. Atque hic sane tum personas ipsas, tum quidquid vivit in Deo, cedere oportet ; quando nihil hic aliud est quam in fruitivo amorosæ liquefactionis sive defluxionis circumplexu perpetua requies... Et hæc est caliginosum silentium, in quo omnes amantes spiritus sese quodam modo amiserunt...* » — Non liquet !

19 V. sa description du ciel, *in tract. de fide et judicio*, 351, 352.

CHAPITRE VI.

Associations mystiques. Conclusion.

Nous avons considéré jusqu'ici le mysticisme comme il s'est prononcé chez les auteurs du quatorzième siècle, ainsi que les spéculations auxquelles il a donné lieu. Il nous reste à le suivre dans sa tendance pratique, et à faire voir la forme sous laquelle il a pénétré dans le peuple. Par là nous aurons en même temps une mesure pour apprécier l'influence exercée sur les populations par les prédicateurs mystiques. Depuis long-temps un certain mysticisme circulait dans l'Église; tantôt il s'écoulait en paix, à l'abri de la foi positive, tandis que d'autres fois il faisait éruption et entraînait à une opposition hostile les sectes des Beghards, des Frères du libre-esprit, des Franciscains fanatiques. Nous ne parlerons ici que des associations mystiques, ou plutôt bibliques, qui se sont formées dans le sein même de l'Église, et qui, bien qu'elles protestassent contre la corruption universelle, demeuraient néanmoins attachées à la communion catholique. La foi aveugle du peuple commençait à chanceler, ébranlée d'un côté par les attaques hardies des hérétiques, et de l'autre par le spectacle du triste état de l'Église et de la scandaleuse conduite des chefs même de la chrétienté. Il n'entendait rien aux disputes des scolastiques, qui, à leur tour, ne se souciaient guères de ses besoins religieux. Troublé et désorienté dans son esprit, il tourna alors ses regards vers les hommes qui s'adressaient à lui dans sa langue, qui, dans de profonds discours, offraient une nourriture à son vague sentiment, qui l'exhortaient à supporter ses maux et à chercher sa paix dans le ciel, et qui eux-mêmes donnaient l'exemple des vertus qu'ils prêchaient. Autour de ces puissans prédicateurs se groupèrent ainsi des associations de clercs et de laïques, dont le but était de pratiquer les principes enseignés par eux. Le besoin de s'entretenir des choses divines, le malheur commun, la stérilité de la théologie et du culte, rapprochèrent ces hommes, et dans l'effroyable anarchie au milieu de laquelle ils vivaient, cette conduite de leur part n'a certes rien qui soit blâmable.

Dès le onzième et le douzième siècle s'étaient formées quelques sociétés libres de ce genre, en opposition aux ordres monastiques qui allaient de jour en jour en dégénérant; mais ces sociétés étaient uniquement pratiques et contemplatives, et n'avaient aucun caractère scientifique. Telles étaient dans l'origine les sectes des Beghuines et des Beghards[1]. Telle est encore la société dont nous trouvons les traces vers le milieu du siècle qui nous occupe, quand les contrées du Rhin souffraient également de la peste et de l'excommunication. Celle qui sur la fin du siècle se formera dans les Pays-Bas, réunira les deux tendances pratique et scientifique, et aura par cette raison une importance bien plus considérable.

La première dont nous voulons parler a fait peu d'éclat; son existence est presque ignorée; on pourrait même en douter, si les besoins de l'époque appuyaient moins fortement le petit nombre de témoignages en sa faveur[2]. Les membres de cette association, répandus sur les bords du Rhin jusque vers les Pays-Bas[3], étaient des docteurs, des nobles, des dames illustres et pieuses; ils s'appelaint *Amis de Dieu;* ils s'adonnaient à une vie contemplative, et exerçaient la charité en soignant les malades dans la terrible année de 1349, ou en leur donnant l'absolution, malgré les défenses de l'interdit. Leur union était sans doute secrète; eux seuls se connaissaient et correspondaient entre eux. A leur tête se trouvait peut-être notre Tauler; peut-être aussi que Suso leur appartenait. Son nom est du moins cité plusieurs fois dans les lettres de Henri de Nœrdlingen à Marguerite Ebner. C'est cette curieuse correspondance qui nous donne les uniques dé-

1 Mosheim, *de Begh.*, 390.
2 Rœhrich, *l. c.*, 26.
3 Heumann, *l. c.*, 379.

tails sur les Amis de Dieu ; elle nous les représente comme des hommes bienfaisans, dont le mysticisme s'inspirait des idées de Tauler[4].

Le prêtre Henri de Nœrdlingen était lui-même « grand ami de Dieu ; » c'était une âme droite, et remplie d'amour, troublée par l'aspect des maux qui l'entouraient, et par l'idée de ses propres défauts. Pauvre et fugitif, il a erré de ville en ville[5]; car la cause de Louis de Bavière était à ses yeux la cause de la justice, et, malgré l'interdit, il prêchait devant le peuple[6]. Sa seule consolation était l'amitié de la nonne Marguerite Ebner de Nuremberg († 1351) et de sa sœur Christine, toutes les deux célèbres alors par leurs visions. La reine Agnès, fille d'Albert Ier, retirée au couvent de Kœnigsfelden, le secourait dans son indigence, en lui envoyant de temps à autre quelque somme d'argent. Une seule fois il y eut un instant lumineux dans sa vie de souffrances intérieures ; c'est l'accueil que lui fit le peuple de Bâle, après que Tauler l'eut appuyé de sa puissante autorité. Le magistrat lui ayant permis de prêcher pendant quarante jours, il prêcha journellement, souvent même deux fois par jour, devant une foule innombrable, composée de bourgeois et de seigneurs. Bâle était excommuniée avec les autres villes de l'Empire ; mais ainsi qu'à Strasbourg le magistrat avait refusé de priver le peuple du service divin ; c'est pour cela que Henri de Nœrdlingen trouva tant d'auditeurs[7]. Dès ce moment il disparaît, et avec lui les vestiges de l'association, dont nous ne pouvons que nommer quelques membres, tels que Conrade, abbé de Kaisersheim, le bour-

[4] Cette correspondance a été publiée par Heumann, p. 331 et suiv. Malheureusement il n'a pas dit d'où il l'a prise, et ne l'a pas même donnée en entier. — Tauler y est cité dans la lettre 6e, p. 358 ; 11e, 364 ; 57e, 393. Tauler lui-même parle en plusieurs endroits de pareils amis de Dieu mystiques. — Le nom de Suso y revient très-souvent.

[5] Nous le voyons successivement à Strasbourg, à Constance, à Augsbourg, à Ulm, à Bâle. Pendant quelque temps il a été curé de l'église de Fessenheim.

[6] *Ib.*, 365. Lettre 11. « *Das volk gemaincklichen yst mir günstig, aber von der geistlichen personen leid ich vil gifftiger stöss, um das ich dick predigen und die leut mein gnad hand....* » Plusieurs fois il dut se défendre devant les évêques pour avoir prêché.

[7] *Ib.* 395, lettre 59. — Cf. aussi Alberti Argentin. *Chronicon.*, 142, 143.

geois Rulmann Merswin de Strasbourg, fondateur de la maison des Johannites[8], une dame de Falkenstein, une nonne nommée Marguerite *Zum guldin Ring*, le seigneur Henri de Rheinfelden, un seigneur de Pfaffenheim, un de Landsberg et son épouse, etc.[9]. Il paraît qu'il y avait surtout beaucoup de femmes dans cette curieuse société[10], dont l'influence sur les populations de nos contrées a dû être très-heureuse. Il est donc à regretter que nous n'ayons pas des documens plus positifs sur ses destinées.

La seconde association de ce genre, dont l'existence est aussi mieux constatée, est celle des *Frères de la vie commune*, dans les Pays-Bas[11]. Elle doit son origine à la vie mystique et comtemplative de Ruysbroek, bien que lui-même n'en ait pas été le fondateur. Un jour, le prieur de Grœndal fut visité par le prédicateur Gérard Groot, qui venait de s'adonner à la contemplation, puisque le clergé, irrité de ses censures, lui avait imposé silence. Les discours du vieillard produisirent sur l'âme de Gérard une impression profonde; ils firent naître en lui l'idée de suivre l'exemple de Ruysbroek, et de rassembler quelques amis pour vivre en commun, en s'occupant d'étude et de méditation[12]. Gérard Groot était né à Deventer, en 1340; son père, riche magistrat, lui avait donné une éducation soignée, et l'avait envoyé à l'université de Paris. Là, le jeune homme ne recherchant encore que la gloire d'un nom illustre, avait étudié avec ardeur toutes les branches du savoir; on dit même qu'il était alors

8 Kœnigshofen, 279. — Dans un ancien catalogue de notre bibliothèque, il est cité comme auteur du livre de Suso *de 9 rupibus*. Diepenbrock, XVII.

9 Heumann, 374, lettre 30; 393, lett. 57.

10 Dans une de ses lettres (24e, 371) Henri de Nœrdlingen exhorte Marguerite à travailler à ce que les femmes „*ain gemains leben anfahen wellent, doch uff ein ander jar, müg es nit ee geschehen.*»

11 V. surtout Ullmann, *Joh. Wessel, ein Vorgaenger Luthers*. Hamb. 1834, in-8°, p. 389 et suiv. „*Ueber die Brüder des gemeinen Lebens.*»

12 V. la vie de Gérard Groot ou Gerhardus Magnus, par Thomas a Kempis, dans ses œuvres, *ed. Sommalii*. Antw., 1600, in-8°, t. III, P. I, p. 5 et sq., ainsi que Revius, *Daventria illustrata*. Ludg. Bat. 1651, in-4°, p. 28 et sq.

versé dans l'astrologie et dans la nécromancie. A dix-huit ans, il est maître-ès-arts, et obtient un bénéfice de chanoine à Aix-la-Chapelle. Arrivé à la réflexion, il ne tarde pas à sentir le besoin de quelque chose de plus élevé, de sorte qu'à Cologne, au milieu de fêtes et de réjouissances auxquelles il assiste, un vieux solitaire peut déjà lui prédire sa prochaine conversion. Cependant il hésite encore, jusqu'à ce que son ancien ami, le chartreux Henri Eger, de Kalkar, homme pieux et lettré, qui, à Paris, avait été son confesseur, le rencontre à Utrecht, et le confirme dans sa résolution de changer de vie. Il renonce alors à ses bénéfices, quitte ses vêtemens fastueux, et se retire, au grand étonnement du peuple, dans le couvent de Monichusen, près d'Arnheim, dont Henri Eger était prieur. Pendant trois ans, il lutta, par des jeûnes et des veilles, contre le monde; mais une contemplation oisive n'était pas ce qui lui convenait, et avec l'autorisation de l'évêque d'Utrecht, il sortit de sa cellule pour prêcher la pénitence dans les villes et les villages du pays. Le peuple accourait en foule dans les églises, et l'écoutait souvent deux fois par jour, pendant trois heures consécutives. Ses sévères prédications lui attirent la haine des moines mendians, qui l'attaquent à plusieurs reprises, et qui par leurs intrigues obligent enfin l'évêque d'Utrecht de lui retirer sa protection. Ses amis même sont tourmentés; Werner Keynkamp, recteur de l'école de Kempen, est banni de la ville pour avoir parlé en sa faveur. Gérard, ne pouvant plus prêcher en public, rétrécit la sphère de son activité, en donnant, dans sa ville natale, des instructions religieuses, et en faisant copier des livres de théologie par des écoliers, auxquels il inspira le goût de la vie contemplative et du renoncement au monde. C'est à cette époque qu'avec son ami, Jean Célé, recteur de l'école de Zwoll, il entreprit un voyage pour Paris. En route, il fit à Ruysbroek la visite qui le fixa dans ses projets et qui acheva de déterminer la nouvelle direction de sa vie. A Paris, il acheta à grands frais une quantité de livres pour l'instruction de la jeunesse; et de retour à Deventer, il se mit à organiser une association semblable à celles que ses prédications avaient déjà fait naître dans plusieurs villes de la Hollande. Son ami et disciple Florentius Radewins, de Leerdam, proposa de réunir dans une maison commune les membres de la société. Gérard suivit ce conseil, et se trouva bientôt à la tête d'un petit nombre de jeunes hommes actifs et zélés, qui, sous sa direction, s'entretenaient de la religion, et propageaient parmi le peuple la piété et l'amour de la science. Gérard, dégoûté de la corruption des ordres monastiques, ne souffrit pas qu'ils se liassent par des vœux, ni qu'ils parcourussent les villes en mendiant; ils devaient gagner leur vie par le travail, soit en copiant des livres, soit en exerçant quelque métier utile, soit en instruisant l'enfance. Il avait aussi le projet d'établir un couvent de chanoines réguliers, dont il voulait faire le centre de l'association. Mais la mort l'en empêcha; en 1384, une maladie épidémique mit fin à cette vie de quarante-quatre ans, consacrée tout entière à l'éducation morale et religieuse du peuple.

Gérard Groot a été un de ces esprits éclairés pour lesquels la spéculation n'est qu'un moyen, et qui renoncent à tout ce qu'ils ne peuvent pas traduire en une pratique salutaire[13]. Il y a peu d'hommes chez lesquels le mysticisme ait porté des fruits aussi réels et aussi durables; la semence répandue par lui a produit, pendant plus d'un siècle, les plus belles fleurs de science et de piété. Quant à lui-même, il n'a pas eu des connaissances bien vastes; outre l'Écriture-Sainte, qui formait le sujet de ses continuelles méditations, outre quelques anciens, il n'avait étudié que Denis de l'Aréopage, S. Bernard, Hugues et Richard de Saint-Victor[14]. Prédicateur simple et austère, qui voulait réformer paisiblement les abus de l'É-

13 Thom. a Kemp., *Vita*, g. g. 22. «*Erat vultu hilaris, affatu benignus, mente tranquillus, habitu humilis, victu sobrius, consilio sagax, judicio disertus, rigidus contra vitia, fervidus ad virtutes, otium fugitans, semper aliquid utilitatis pro ædificatione exercens, simplicitatem diligens, humilia sectans, cælestia meditans, interna penetrans, lectionibus et orationibus sedulo vacans, Deum semper præ oculis habens.*»

14 *Protestatio publica Gerhardi de veridica praedicatione Evangelii quod praedicavit. Vita*. 27.

glise et les mœurs du peuple, il blâmait tous ceux qui s'occupaient des vaines sciences de ce monde; car, disait-il, tout ce qui ne peut nous rendre meilleurs, se tourne contre nous et nous devient nuisible tôt ou tard[15]. Ses tendances ont beaucoup d'analogie avec celles de d'Ailly et de Gerson, qu'il avait peut-être connus à Paris[16]. Il a écrit qu'un ecclésiastique ne doit pas avoir plus d'un bénéfice, qu'il ne doit point courir après les richesses, ni se mettre au service des grands et des princes; qu'il doit éviter les disputes sur la religion, lire les anciens philosophes, la Bible et quelques Pères, observer les réglemens de l'Église, s'humilier devant Dieu et les hommes; en un mot, se détourner des créatures pour ne plus vivre qu'avec Dieu[17]. Il a dit encore que l'Église était corrompue, que les moines étaient ses plus grands ennemis, que le démon seul pouvait souffler à un homme d'honneur et d'instruction l'idée d'entrer dans un ordre[18]. A la vaine curiosité des scolastiques, il a opposé ce principe, que la science par excellence est d'avouer qu'on ne sait rien. Il a traduit plusieurs livres de piété en langue vulgaire, et a écrit quelques traités sur l'administration de l'Église, sur la manière d'étudier la Bible, ainsi que des commentaires sur Ruysbroek[19]. Sa résignation mystique ne lui a pas permis de rompre ouvertement avec l'Église et la scolastique; mais, au milieu même de son silence, il a contribué à préparer la réformation de Luther.

En mourant il avait légué le soin de sa naissante institution à son ami Florentius Radewins, qui, après avoir étudié à Prague, s'était fait consacrer prêtre à Deventer, et avait converti beaucoup de personnes par ses prédications mystiques[20]. En 1386, deux ans après la mort

15 Ib. 37. Ces vaines sciences sont la géométrie, l'arithmétique, la rhétorique, la dialectique, la grammaire, la poésie, la jurisprudence, l'astronomie.

16 Meiners, *Lebensbeschreib. berühmter Maenner*, etc.; Zürich. 1796, in-8°. t. II, 312.

17 *Conclusa et proposita magistri Gerhardi. Vita*, 28, etc.

18 Revius, 32. Lettres de G. G. à Werner Keynkamp et à Jean Célé qui voulait se faire recevoir parmi les frères mineurs. G. lui dit que ce projet était un „*susurrium diaboli.*"

19 Revius, 33, 34.

20 Thom. a K., *l. c.* 40 et sq. *Vita D. Florentii.* — Revius, 34 et sq. — Ullmann, 410.

de Gérard, il accomplit le vœu de son maître, en fondant à Deventer un couvent de chanoines réguliers, qui dès-lors fut le centre et le séminaire des Frères de la vie commune. L'association s'était répandue au loin, dans la Hollande, dans la Westphalie, et jusque dans la Saxe; dans beaucoup de villes s'étaient formées sous son influence des congrégations laïques d'hommes et de femmes. Florentius acheva l'organisation des frères, et continua l'œuvre de Groot sans jamais s'éloigner de son esprit. Il mourut en 1400.

Les Frères de la vie commune[21] formaient une association libre de clers et de laïques qui, à l'exemple des apôtres, ne se nourrissaient que du travail de leurs mains; leurs principes étaient de pratiquer la charité, de vivre en frères, et de se montrer humbles et bienveillans envers tout le monde. Ils avaient pour but de s'exhorter mutuellement à la vie chrétienne, et de ramener le peuple à la religion, par l'exemple de leurs mœurs austères, par l'instruction qu'il donnaient gratuitement, et par la propagation de livres utiles, surtout de la Bible. Dans leurs maisons, où quinze à vingt frères vivaient en commun, ils se partageaient les soins de l'économie, et méditaient ensemble sur des sujets religieux. Au dehors, ils soignaient les pauvres et les malades, prêchaient la pénitence dans la langue du peuple, et fondaient des écoles ou dirigeaient celles qui existaient déjà, comme par exemple l'école de Deventer, devenue si célèbre dans la suite[22].

C'est pourquoi leur mysticisme pratique a agi d'une manière si heureuse sur l'esprit de plusieurs provinces de l'Allemagne; il a nourri dans les cœurs les germes de la foi chrétienne, qui, par la propagation de la Bible, fut mise à la portée des laïques; il a popularisé les études, et a formé une éclatante et utile protestation,

[21] Ils sont appelés quelquefois *Frères de la bonne volonté*, *fratres collationarii*, *Gregoriani*, *Hieronymiani*, *Gerardini*. Le peuple les nommait aussi *Beghards* et *Lollhards*, parce qu'ils vivaient en commun, sans faire de vœux, et qu'ils se distinguaient par un costume particulier.

[22] V. sur leur organisation intérieure, Ullmann, 415 et suiv.

tant contre le déréglement des moines, que contre les arides logomachies des scolastiques[23].

Une pareille société ne pouvait pas tarder à s'attirer la haine et la jalousie des ordres mendians, et à devenir suspecte à l'inquisition. Bientôt elle fut confondue avec les Beghards, et attaquée de tous côtés; au concile de Constance elle fut formellement accusée d'hérésie. Gerson et d'Ailly prirent sa défense, et elle continua à fleurir et à se répandre dans tout le nord de l'Allemagne. Plusieurs noms méritent encore d'être cités parmi les frères: Gérard Zerbolt, de Zütphen, jeune homme mort en 1398, à l'âge de trente-un ans, esprit original et zélé pour la propagation de la Bible; et plus tard, Thomas a Kempis, le plus doux et le plus aimable des mystiques, qui, dans son *Imitation de Jésus-Christ*, a donné aux âmes froissées par les vanités du monde, un évangile de paix et de consolation[24]. Une foule d'hommes savans, précurseurs de la réforme, sont sortis de leurs écoles de Zwoll et de Deventer: Jean Wessel, Rodolphe Agricola, Alexandre Hegius, Louis Dringenberg, le fondateur de l'école de Sélestat[25]. Mais depuis le seizième siècle l'association tombe; sa mission est remplie; l'imprimerie et la réformation l'ont rendue inutile.

Elle a préparé les esprits à recevoir une nouvelle lumière, et cela suffit pour lui assurer une place éminente dans l'histoire de cette époque.

Nous voilà arrivé au terme de notre tâche; nous avons vu comment, dans le quatorzième siècle, le mysticisme s'est développé; d'un côté comme spéculation sur les idées absolues, et de l'autre

23 Gieseler, *l. c.* 208, 229. Hase, 354.

24 *Vitae discipulorum Dom. Florentii*, par Thomas a Kempis, *l. c.* 78 et sq. — Revius, 36. — Ullmann, 426 et suiv.

25 Meiners, *l. c.* 323. — Rœrich, *die Schule zu Schletstadt*, dans *Illgen, Zeitschr. f. d. hist. Theol.* t. IV, P. II., 1834, p. 199 et sq.

comme tendance pratique et réformatrice. Dans la grande anarchie sociale et morale, il nous est apparu comme l'arche autour de laquelle se sont réfugiées les âmes élevées, pour y déposer les saints trésors de leur foi; nous avons reconnu en lui le principe régénérateur au milieu de la confusion générale, et il nous a appris à ne jamais désespérer du salut de l'Église. Pourtant il n'est lui-même qu'une forme imparfaite, qu'une arme bonne dans le combat, mais qui doit être déposée quand l'ennemi s'est retiré. Le quinzième siècle nous montre sa dernière lutte contre la scolastique; celle-ci, épuisée, saignant de mille blessures, tombe pour ne plus jamais se relever. Un scepticisme philosophique, et quelquefois railleur, se partage ses dépouilles et va peu à peu jusqu'à attaquer toute espèce de religion. Le mysticisme est de nouveau son adversaire, et sauve la foi menacée; mais il s'affaiblit lui-même en se revêtant de formes nouvelles, incompatibles avec le progrès des lumières. L'intelligence de Gerson, troublée par les scandales du schisme, essaie une dernière fois de l'allier à la philosophie; personne après lui ne s'occupera plus de ce projet impossible. Le livre de l'*Imitation de Jésus-Christ* devient le symbole du mysticisme pratique, qui se confond de plus en plus avec les tendances de ceux qui veulent ramener le culte et le dogme à la simplicité de l'Évangile. La théorie est presque abandonnée; elle ne jette un dernier éclat que dans les spéculations idéalistes et panthéistes du livre si profond de la *Théologie germanique*, tandis que des auteurs comme Henri Harph (vers 1460) ou Denis de Rykel († 1471), méritent à peine l'honneur d'être cités; l'un n'est qu'un copiste sans génie de Ruysbroek; l'autre a délayé dans un nombre prodigieux de commentaires sur la Bible les idées mystiques les plus ordinaires. A la fin du siècle, un nouveau mysticisme apparaît en Italie, apocalyptique et révolutionnaire chez le dominicain de Florence, néo-platonicien et cabbalistique chez Marsile Ficin et le prince de la Mirandole. Ce mysticisme passe les Alpes et se propage également en Allemagne, où, sous les mains de Jean Reuchlin, d'Agrippa de Nettesheim, de Théophraste Paracelse, il se transforme en magie et en théosophie. La réformation, enfin, lui ôte sa valeur temporaire, tout en reconnaissant les services qu'il avait rendus à sa cause, en lui préparant de toutes parts le terrain. Pendant le moyen âge il a été le crépuscule d'une lumière à venir; quand la lumière fut venue, le crépuscule dut disparaître. Aujourd'hui la lutte s'est renouvelée; l'issue en sera peut-être la même qu'il y a trois siècles, c'est-à-dire que les progrès du mysticisme amèneront de nouveau une épuration dans la forme de notre culte. C'est là tout le prix qu'il peut avoir à nos yeux; car, nous le répétons, dans son principe il est une erreur du sentiment et de l'imagination, en voulant soumettre les idées divines à une expérience intérieure immédiate.

Si nous avons jugé les mystiques du quatorzième siècle avec tant de faveur, c'est que par leur théorie même ils ont rendu hommage à l'activité de l'intelligence, c'est qu'ils ont eu des cœurs pleins d'amour et de compassion, c'est qu'en exprimant les besoins de leur époque, et en flétrissant d'une voix unanime la corruption de l'Église, ils ont été réellement les hérauts de l'avenir. Nous nous sommes placé au point de vue de la liberté humaine accomplissant les fins de la Providence, et de là nous respectons chaque individualité, aussi long-temps qu'elle est sincère et vertueuse. Nous ne protestons que contre l'aveuglement ou l'hypocrisie de ceux qui voudraient nous courber sous le joug de leurs illusions, et nous ramener à travers le crépuscule dans les ténèbres, malgré la lumière de l'Évangile qui éclaire aujourd'hui tout œil qui veut s'ouvrir à ses rayons, grâce à la lutte soutenue si victorieusement par nos immortels réformateurs.

FIN.

www.ingramcontent.com/pod-product-compliance
Ingram Content Group UK Ltd.
Pitfield, Milton Keynes, MK11 3LW, UK
UKHW031919260826
14628UKWH00003B/1284

9 782012 835894